iBS 교육방송

내·신·적·중

중학수학 2-1

INTRODUCE 이 책을 펴내면서

IPTV교육방송은 교육전문방송으로서 학교교육을 보완하고 국민 평생교육 담당이라는 사회적 책임과 의무를 다하기 위하여 부단한 노력을 기울여 오고 있습니다.

특히, 교육환경의 변화와 이에 따른 교육현장의 요구를 최대한 수용하여 학교 교육을 보충·심화할 수 있도록 다양한 교재와 프로그램을 새롭게 개발하고 있습니다.

이러한 노력의 일환으로 IPTV교육방송은 고등학교에서 연차적으로 실시되고 있는 개정 교육과정 및 교과도서를 철저히 분석하여, 방송 교재와 프로그램에 충실히 반영함으로써 세분화·전문화된 교재와 방송 프로그램을 개발하고 있습니다.

또한, IPTV교육방송 홈페이지를 통해 언제 어디서나 손쉽게 볼 수 있도록 하여 학교나 가정에서 반복 학습이 가능하도록 하였습니다.

앞으로도, IPTV교육방송은 가정경제의 위기 속에, 날로 심각해지는 국민 사교육비 부담을 덜어주고 공교육의 정상화를 위한 다각적인 노력을 기울이며, 공영방송으로서의 새로운 비전을 제시할 수 있도록 최선을 다하겠습니다.

2014년 1월

c·o·n·t·e·n·t

I.
수와 연산

1. 유리수

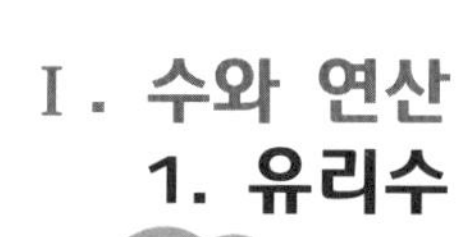

01 유리수

>>> 핵심급소 / 유리수는 분수로 나타낼 수 있다.

 **기본개념**

(1) 유리수 : a, b가 정수이고 $b \neq 0$일 때, 분수 $\dfrac{a}{b}$ 로 나타낼 수 있는 수

(2) 모든 유리수는 소수로 나타낼 수 있다.

    ① 유한소수 : 소수점 아래의 0이 아닌 숫자가 유한개인 소수

    ② 무한소수 : 소수점 아래의 0이 아닌 숫자가 무한개인 소수

 **보너스개념**

$$\text{유리수} \rightarrow \frac{(\text{정수})}{(0\text{이 아닌 정수})} = (\text{분자}) \div (\text{분모}) \rightarrow \text{정수 또는 순환소수}$$

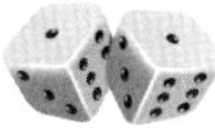 **필수예제**

다음 분수를 소수로 나타내었을 때, 유한소수가 아닌 것은?

① $\dfrac{5}{32}$ ② $\dfrac{3}{15}$ ③ $\dfrac{7}{4}$ ④ $\dfrac{1}{7}$ ⑤ $\dfrac{7}{100}$

포인트 / 유한소수는 소수점 아래의 0이 아닌 숫자가 유한 개인 소수이다.

 **확인유제 01**

다음 분수를 소수로 나타낼 때, 종류가 다른 하나는?

① $\dfrac{5}{6}$ ② $\dfrac{7}{12}$ ③ $\dfrac{4}{25}$ ④ $\dfrac{16}{60}$ ⑤ $\dfrac{15}{70}$

포인트 / 직접 나눗셈을 하여 분수를 소수로 고친다.

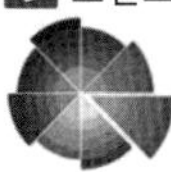 **확인유제 02**

다음 중 무한소수가 <u>아닌</u> 것을 모두 고르면?

① $1.111111\cdots$ ② 0.125 ③ $1.010010001\cdots$ ④ $\pi = 3.141592\cdots$ ⑤ $\dfrac{3}{8}$

포인트 / 무한소수는 소수점아래의 0이 아닌 숫자가 무한 개인 소수이다.

>>> 핵심급소 / 모든 유한소수는 분모를 10 의 거듭제곱꼴인 분수로 나타낼 수 있다.

 ### 기본개념

분수를 기약분수로 고친 후 분모를 소인수분해 하였을 때
(1) 분모의 소인수가 2나 5 뿐이면 그 분수는 유한소수로 나타낼 수 있다.
(2) 분모의 소인수 중에 2나 5 이외의 소인수가 있으면 그 분수는 유한소수로 나타낼 수 없다. 즉, 무한소수이다.

 ### 보너스개념

(분수) → (기약분수) → (분모의 소인수가 2 또는 5) → (유한소수)

 ### 필수예제

다음 〈보기〉 중에서 유한소수로 나타내어지는 것을 모두 골라라.

보기 ㄱ. $\dfrac{1}{2\times2\times1}$ ㄴ. $\dfrac{7}{3\times5}$ ㄷ. $\dfrac{7}{28}$ ㄹ. $\dfrac{1}{1024}$

 ### 확인유제 01

다음 분수를 소수로 나타낼 때, 유한소수로 나타낼 수 있는 것은?

① $\dfrac{2}{15}$ ② $\dfrac{21}{2^2\times3\times5}$ ③ $\dfrac{5}{2\times3}$ ④ $\dfrac{1}{12}$ ⑤ $\dfrac{4}{3\times5}$

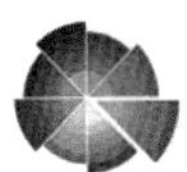 포인트 / 반드시 기약분수로 고친 분수에서 분모의 소인수가 2나 5뿐인 것을 찾는다.

>>> 핵심급소 / 유한소수로 나타낼 수 없는 분수는 순환소수로 나타낼 수 있다.

기본개념

(1) 순환소수 : 소수점 아래의 어떤 자리에서부터 일정한 숫자의 배열이 한없이 되풀이 되는 무한소수

(2) 순환마디 : 순환소수에서 일정하게 되풀이되는 한 부분

(3) 순환소수의 표현 : 순환마디의 양 끝의 숫자 위에 점을 찍어서 나타낸다.

(4) 순환소수로 나타낼 수 있는 분수 : 분수를 기약분수로 고친 후 분모를 소인수분해 하였을 때, 분모가 2나 5 이외의 다른 소인수를 가지면 그 분수는 반드시 순환소수로 나타내어진다.

보너스개념

순환소수 $1.242424\cdots \rightarrow 1.\dot{2}\dot{4}$

 **필수예제**

다음 유리수를 소수로 나타내어라.

(1) $\dfrac{11}{40}$

(2) $\dfrac{14}{33}$

(3) $\dfrac{17}{66}$

(4) $\dfrac{19}{99}$

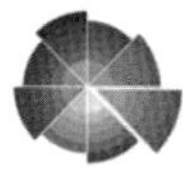 **확인유제 01**

다음 분수를 순환소수로 나타내어라.

(1) $\dfrac{4}{11}$

(2) $\dfrac{7}{30}$

 핵심급소 / 유리수가 아닌 수, 즉 분수로 나타낼 수 없는 수를 무리수라고 한다.

 **기본개념**

순환소수를 분수로 나타내기
① 순환소수를 x로 놓는다.
② 등식의 양변에 10, 100, 1000, … 곱하여 소수점 아래의 순환되는 부분을 일치시킨다.
③ 두 식을 변끼리 빼서 순환되는 부분을 없앤다.
④ 방정식을 풀어 x의 값을 구한다.

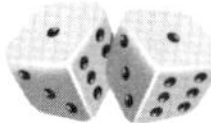 **보너스개념**

두 무한소수의 소수점 아래 부분이 같으면 그 차는 정수가 된다.

 **필수예제**

다음 순환소수를 분수로 나타내어라.(단, 등식을 세워서 그 과정을 적을 것)
(1) $0.\dot{7}$
(2) $0.1\dot{7}$

확인유제 01

순환소수 $1.3\dot{2}\dot{4}$를 x로 놓고 분수로 나타낼 때, 가장 편리한 식은?
① $10x - x$ ② $100x - x$ ③ $1000x - x$
④ $100x - 10x$ ⑤ $1000x - 10x$

>>> 핵심급소 / a, b, c가 0 또는 9이하의 자연수일 때, $0.\dot{a}b\dot{c}=\dfrac{abc}{999}$이다.

 기본개념

순환소수를 분수로 나타내기
(1) 분모 : 소수점 아래에서 순환되는 숫자의 개수만큼 9를 쓰고, 순환되지 않는 숫자의 개수만큼 0을 쓴다.
(2) 분자 : 소수점을 무시한 전체의 수에서 순환하지 않는 부분의 수를 뺀다.

보너스개념

순환소수 $1.25\dot{6}$을 기약분수로 나타내면 $1.25\dot{6} = \dfrac{1256-12}{990} = \dfrac{1244}{990} = \dfrac{622}{495}$

 필수예제

다음 순환소수를 기약분수로 나타내어라.
(1) $3.\dot{5}$
(2) $0.\dot{2}\dot{4}$
(3) $0.\dot{2}1\dot{3}$
(4) $0.3\dot{0}\dot{1}$

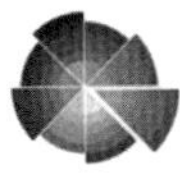 확인유제 01

순환소수 $0.2\dot{9}$를 분수로 나타내면?

① $\dfrac{3}{11}$
② $\dfrac{29}{99}$
③ $\dfrac{29}{90}$
④ $\dfrac{3}{10}$
⑤ $\dfrac{3}{5}$

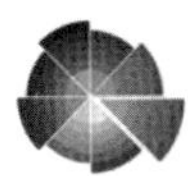 확인유제 02

순환소수 $0.27\dot{5} = 273 \times A$ 일 때, A를 순환소수로 나타내어라.

>>> 핵심급소 / 모든 유리수는 정수, 유한소수 또는 순환소수 중 하나로 나타내어진다.

기본개념

(1) 순환소수의 대소는 다음과 같은 방법으로 비교할 수 있다.
　① 순환소수의 순환마디가 반복되도록 풀어 써서 앞자리부터 차례대로 각 자리의 수를 비교한다.
　② 순환소수를 분수로 나타내어 비교한다.
(2) 모든 순환소수는 분수로 나타낼 수 있으므로 유리수이다.

보너스개념

순환소수의 사칙 계산을 할 때, 순한소수를 분수로 나타내어 계산한다.

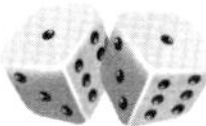

필수예제

다음 〈보기〉 중에서 옳은 것을 모두 골라라.

보기
(1) 유한소수로 나타내어지는 수는 모두 유리수이다.
(2) 순환소수로 나타내어지는 수는 모두 유리수이다.
(3) 유리수는 유한소수 또는 순환소수로 나타내어진다.

✎ 포인트 / 0을 제외한 유리수는 유한소수 또는 순환소수로 나타낼 수 있다.

확인유제 01

다음 설명 중 옳은 것은?
① 유리수란 유한소수를 말한다.
② 순환소수는 유한소수이다.
③ 모든 순환소수는 유리수이다.
④ 정수가 아닌 유리수를 소수로 나타내면 유한소수가 된다.
⑤ 무한소수는 유리수가 아니다.

✎ 포인트 / 모든 순환소수는 분수로 나타낼 수 있으므로 유리수 이다.

 **개념다지기 문제**

01 오른쪽은 유리수를 분류한 것이다. □안에 알맞은 수를 모두 고르면?

$$① -\frac{1}{2} \qquad ② 27 \qquad ③ 0.455\cdots \qquad ④ -5 \qquad ⑤ \frac{2}{3}$$

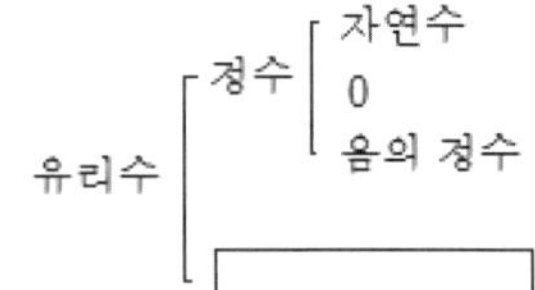

✎ 포인트 / [유리수의 분류] 정수가 아닌 유리수는 유한소수 또는 순환소수이다.

02 분수 $\dfrac{6}{2^2 \times a}$ 을 소수로 나타내면 유한소수가 된다. 다음 중 a의 값이 될 수 없는 것은?

$$① 2 \qquad ② 3 \qquad ③ 5 \qquad ④ 12 \qquad ⑤ 18$$

✎ 포인트 / 유한소수로 나타내어지는 분수

03 어떤 기약분수를 소수로 나타내는데, 철수는 분모를 잘못 보아 $0.58\dot{3}$ 으로 나타내고, 영수는 분자를 잘못 보아 $0.8\dot{1}$로 나타내었다. 처음의 기약분수를 소수로 올바르게 나타내어라.

✎ 포인트 / [순환소수를 분수로 나타내기] $0.58\dot{3}$에서 분자를 구하고, $0.8\dot{1}$에서 분모를 구한다.

04 순환소수 $1.4\dot{2}\dot{5}$ 를 x로 놓고 분수로 나타낼 때, 다음 중 어느 식을 이용하는 것이 가장 편리한가?

$$① 10x - x \qquad ② 100x - x \qquad ③ 100x - 10x$$
$$④ 1000x - x \qquad ⑤ 1000x - 10x$$

✎ 포인트 / [순환소수를 분수로 나타내기] 두 식의 소수점 아래의 부분을 일치시켜야 편리하다.

05 $0.2\dot{3} = A \times 0.2\dot{3}$일 때, A의 값은?

① $0.0\dot{1}$ ② 1 ③ $1.0\dot{1}$ ④ $1.0\dot{1}$ ⑤ $1.1\dot{1}$

06 다음 〈보기〉의 수를 가장 작은 수부터 차례로 나열한 것은?

보기 ㄱ. $\dfrac{3}{4}$ ㄴ. 0.81 ㄷ. $0.7\dot{9}$ ㄹ. $0.\dot{7}\dot{9}$

① ㄱ, ㄴ, ㄷ, ㄹ ② ㄱ, ㄷ, ㄹ, ㄴ ③ ㄱ, ㄹ, ㄷ, ㄴ
④ ㄴ, ㄹ, ㄱ, ㄷ ⑤ ㄷ, ㄱ, ㄴ, ㄹ

07 $0.\dot{2}\dot{4} - 0.\dot{1}\dot{6}$을 계산하면?

① $0.07\dot{5}$ ② $0.07\dot{6}$ ③ $0.07\dot{9}$ ④ $0.0\dot{8}$ ⑤ $0.8\dot{1}$

08 $0.\dot{2}4\dot{2} + A = 0.\dot{6}$ 일 때, A의 값을 구하여 순환소수로 나타내어라.

09 분수 $\dfrac{A}{450}$를 소수로 고치면 유한소수이고, 이 분수를 기약분수로 고치면 $\dfrac{1}{B}$이다.

$40 < A < 50$일 때, $A - B$의 값을 구하여라. (단, A, B는 정수이다.)

① -35　　　② -10　　　③ 1　　　④ 10　　　⑤ 35

✎ 포인트 / [유한소수로 나타내어지는 분수] 분모를 소인수분해 하였을 때, 분모의 소인수분해에 나오는 2나 5 이외의 수는 A와 약분이 되도록 한다.

10 분수 $\dfrac{7}{2^3 \times 5^2 \times a}$을 소수로 나타내면 유한소수가 된다고 한다. 두 자리의 자연수 중에서

a가 될 수 있는 가장 큰 수는?

① 35　　　② 56　　　③ 64　　　④ 70　　　⑤ 80

✎ 포인트 / [유한소수로 나타내어지는 분수] 기약분수로 고쳤을 때, 분모의 소인수가 2나 5뿐이면 유한소수가 된다.

11 $\dfrac{35}{111}$를 소수로 나타낼 때, 소수점 아래 100번째 자리에 오는 숫자를 구하여라.

✎ 포인트 / [순환소수의 계산] 순환소수는 일정한 부분이 반복되므로 순환마디의 숫자의 개수를 생각해본다.

누가 강한 자인가?

중국의 철학자인 노자가 제자들에게 말했습니다.
"연약한 것이 강한 것보다 낫다.
어리석은 듯 슬기로운 것이 얌체 같이 똑똑한 것보다 낫다"

그러자 제자 중에 한 사람이 그에게 물었습니다.
"사람들은 모두 연약한 것보다는 강한 것을 좋아하지 않습니까?"

이에 노자는 대답합니다.
"강하면 부러진다. 약하면 부러지지 않는다. 센 바람이 불 때에 큰 나무는 뿌리째 뽑
히지만 연약한 갈대는 휘어질지언정 부러지지 않는다."

말을 들은 제자는 되물었습니다.
"듣고 보니 정말 그렇게 느껴집니다마는,
똑똑한 사람이 어리석은 사람보다 못하다는 말씀은 잘 납득이 가지 않습니다"

다시 노자가 대답합니다.
"당연히 그렇게 생각될 것이다. 그러나 똑똑한 사람은 남들의 미움을 받기 쉽다.
어리석은 듯 슬기로운 사람은 남들이 모두 좋아한다."

사람들은 강하기를 원하고, 그럼에도 불구하고 똑똑한 척하는 것입니다.
세상에 잘났다는 사람치고 사랑받는 사람이 어디에 있습니까?
흔히 말하기를, 어리석고 어수룩해야 인간미가 있다고 합니다.
사실이 또 그렇습니다. 똑똑한 사람, 잘난 체하는 사람은 만나고 싶지 않습니다.
강한 자가 연약한 자의 약점을 담당하라고 하였습니다.

Ⅱ.
식의
계산

01 지수법칙 (1)

>>> 핵심급소 / $a^m \times a^n = a^{m+n} \neq a^{mn}$

기본개념

m, n이 자연수일때

① $a^m \times a^n = a^{m+n}$

② $(a^m)^n = a^{mn}$

보너스개념

① 거듭제곱 : 같은 수나 문자를 거듭해서 곱한 것
② 밑 : 거듭제곱에서 거듭 곱한 수
③ 지수 : 밑을 곱한 횟수

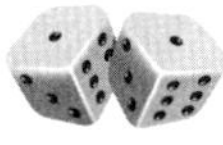

필수예제

다음 식을 간단히 하여라.

(1) $x^3 \times x^4$

(2) $a^2 \times a \times a^3$

(3) $(x^2)^3$

(4) $(a^3)^4$

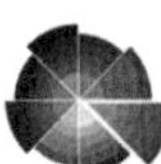

확인유제 01

다음 식을 간단히 하여라.

(1) $a \times a^2 \times a^3$

(2) $x^3 \times y^2 \times x^4 \times y$

(3) $(x^2)^5$

(4) $(a^3)^2 \times a^4$

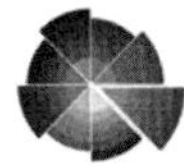

확인유제 02

다음 식에서 a, b의 값을 구하여라.

(1) $x^6 \times y^a \times x^b \times y^3 = x^{10} y^6$

(2) $(x^4)^a \times (y^b)^5 = x^{12} y^{10}$

>>> 핵심급소 / 지수가 0 일 때, $(모든수)^0 = 1$이다

기본개념

$a \neq 0$이고, m, n이 자연수일 때,

① $m > n$이면 $a^m \div a^n = a^{m-n}$

② $m = n$이면 $a^m \div a^n = 1$

③ $m < n$이면 $a^m \div a^n = \dfrac{1}{a^{n-m}}$

보너스개념

① $a^7 \div a^5 = a^{7-5} = a^2$

② $a^7 \div a^7 = a^{7-7} = a^0 = 1$

③ $a^5 \div a^7 = \dfrac{1}{a^{7-5}} = \dfrac{1}{a^2}$

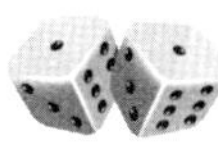

필수예제

다음 식을 간단히 하여라.

(1) $x^4 \div x^2$

(2) $a^9 \div a^2 \div a^3$

(3) $(a^3)^3 \div (a^2)^2$

(4) $\left(\dfrac{a^2}{a}\right)^3$

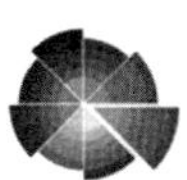

확인유제 01

다음 식을 간단히 하여라.

(1) $x^6 \div (x^2)^3$

(2) $x^8 \div x^3 \div x^7$

(3) $(x^5)^2 \div (x^3)^2$

$$\ggg \text{핵심급소} \;/\; \left(-\frac{a}{b}\right)^{2n} = (-1)^{2n}\left(\frac{a}{b}\right)^{2n} \neq -\left(\frac{a}{b}\right)^{2n} \;(\text{단, } n\text{은 자연수})$$

기본개념

n이 자연수 일때,

① $(ab)^n = a^n b^n$

② $\left(\dfrac{a}{b}\right)^n = \dfrac{a^n}{b^n}$ (단, $b \neq 0$)

보너스개념

$$(ab)^n = \underbrace{ab \times ab \times \cdots \times ab}_{n\,\text{개}} = a^n b^n$$

$$\left(\frac{a}{b}\right)^n = \underbrace{\frac{a}{b} \times \frac{a}{b} \times \cdots \times \frac{a}{b}}_{n\,\text{개}} = \frac{a^n}{b^n}$$

필수예제

다음 식을 간단히 하여라.

(1) $(a^3 b)^2$

(2) $(-2x^2)^4$

(3) $\left(\dfrac{3b^2}{a}\right)^2$

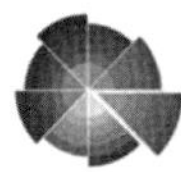

확인유제 01

다음 식을 간단히 하여라.

(1) $(x^2 y^3)^3$

(2) $(2x^2)^4$

(3) $\left(\dfrac{x}{y^3}\right)^5$

(4) $\left(\dfrac{3}{x^3}\right)^3$

포인트 / l, m, n 이 자연수일 때, $(a^l b^m)^n = a^{ln} b^{mn}$, $\left(\dfrac{a^l}{b^m}\right)^n = \dfrac{a^{ln}}{b^{mn}}$ (단, $b \neq 0$)

04 단항식의 곱셈

기본개념

(단항식)×(단항식)의 계산은 곱셈의 계산법칙인 교환법칙과 결합법칙을 사용하여 계수는 계수끼리, 문자는 문자끼리 곱하여 계산하고 계수는 문자 앞에 쓴다. 이 때, 거듭제곱을 이용하여 간단하게 한다.

$$ax^m \times bx^n = a \times b \times x^m \times x^n = abx^{m+n}$$

보너스개념

$$7x \times 6y = (7 \times 6) \times (x \times y) = 42xy$$

필수예제

다음 식을 간단히 하여라.

(1) $2x^3 \times 3x^2$

(2) $3a^2 \times (-2a^3)$

(3) $(-2x) \times (-3x^2)$

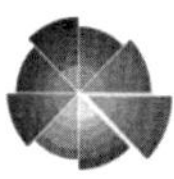

확인유제 01

다음 식을 간단히 하여라.

(1) $2x^2 \times (-3y^3)$

(2) $-10x^3 \times \dfrac{4}{5}y$

(3) $5a^3 \times (-3a)^2$

(4) $(-a^2b)^3 \times (2a^2)^4$

✏ 포인트 / 단항식끼리의 곱셈은 계수는 계수끼리 문자는 문자끼리 곱하여 계산한다.

>>> 핵심급소 / 나눗셈은 역수를 이용하여 나눗셈을 곱셈으로 바꾼 후 계산한다.

기본개념

(단항식)÷(단항식)의 계산은 다음 두 가지 방법 중 편리한 것을 선택하여 계산한다.

① 단항식의 나눗셈을 분수의 꼴로 고친 후 계수는 계수끼리, 문자는 문자끼리 나누어 계산하고 계수는 문자 앞에 쓴다. 이 때, 거듭제곱을 이용하여 간단하게 한다.

② 유리수의 나눗셈과 같이 나누는 단항식의 역수를 곱하여 계산한다.

$$x \div y = \frac{x}{y} \qquad x \div \frac{y}{z} = x \times \frac{z}{y} = \frac{xz}{y}$$

분자÷분모 　　　곱셈으로 고치고 역수를 곱한다

보너스개념

$$A \div B \div C = A \times \frac{1}{B} \times \frac{1}{C} = \frac{A}{BC}$$

 **필수예제**

다음 식을 간단히 하여라.

(1) $4x^2 \div 2x^4$ 　　　　(2) $(-2x^2) \div 4x$ 　　　　(3) $(-4x^2) \div (-2x^3)$

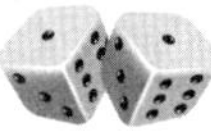 **확인유제 01**

다음 □ 안에 공통으로 들어갈 수를 넣어라.

(1) $(a^3 b^\square)^\square = a^6 b^4$ 　　　　(2) $(2x^2 y^\square)^\square \div (x^\square y^3)^5 = \dfrac{4}{x^6 y^{11}}$

 **확인유제 02**

$(2x^2 y^3)^2 \div (-x^2 y)^2 \div (xy^2)^3$을 간단히 하여라.

✏ 포인트 / 나눗셈이 중복된 경우에는 앞에서부터 순서대로 계산한다.

>>> 핵심급소 / 곱셈과 나눗셈이 혼합되어 있을 때, 반드시 순서대로 계산한다.

기본개념

단항식의 곱셈과 나눗셈의 혼합셈은 다음 순서대로 계산한다.
① 괄호가 있는 식은 지수법칙을 이용하여 괄호를 푼다.
② 나눗셈은 곱셈으로 고친다. 즉, 역수를 곱한다.
③ 계수는 계수끼리, 문자는 문자끼리 곱한다.

보너스개념

$$A \div B \times C = A \times \frac{1}{B} \times C = \frac{AC}{B}$$

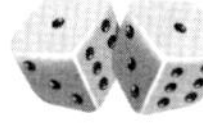

필수예제

다음 식을 간단히 하여라.

(1) $\left(\dfrac{2}{3}xy\right)^3 \div (2x^2y^3)^2 \times 9x^2y^4$

(2) $(-2a^3b) \times (3ab)^2 \div (-ab^2)^2 \div 18a^2b^2$

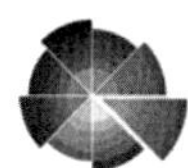

확인유제 01

$(6ab^3)^2 \div (2a^3b)^2 \div (-4ab^4)$을 간단히 하여라.

확인유제 02

다음 식을 간단히 하여라.

(1) $a^2 \times a^4 \div a^5$

(2) $x^2 \times x^5 \div x^{10}$

(3) $12ab^2 \times 2a^3b \div 6ab$

(4) $12xy^2 \times \left(-\dfrac{2}{y}\right)^2 \div 3xy$

01 $2^{16} \times 5^{20}$은 n자리의 자연수이다. n의 값은?

① 17 ② 18 ③ 19
④ 20 ⑤ 21

✎ 포인트 / 지수법칙

02 $(2^x \cdot 3^y \cdot 5^z)^m = 2^6 \cdot 3^8 \cdot 5^{12}$일 때, m의 최대값은? (단, x, y, z,는 자연수이다.)

① 2 ② 4 ③ 6
④ 8 ⑤ 12

✎ 포인트 / [지수법칙] m은 6, 8, 12의 최대공약수이다.

03 $(a^5)^3 \times (a^2)^m = a^{19}$, $(x^n)^4 \div x^6 = x^2$를 모두 만족하는 m, n에 대하여 $m+n$의 값을 구하여라.

✎ 포인트 / [지수법칙] m, n이 자연수일 때,
① $a^m \times a^n = a^{m+n}$ ② $(a^m)^n = a^{nm}$ ③ $a^m \div a^n = a^{m-n}$

04 $2^5 = a$일 때, 4^{11}을 a의 식으로 나타내면?

① $2a^3$ ② $2a^4$ ③ $4a^3$
④ $4a^4$ ⑤ $4a^6$

✎ 포인트 / [지수법칙] 4^{11}을 2의 거듭제곱 꼴로 나타낸다.

05 $x^{20} < 3^{30}$을 만족시키는 최대의 정수 x의 값은?

① 3   ② 4   ③ 5

④ 6   ⑤ 7

✎ 포인트 / [지수법칙] $a \neq 0$이고 n이 자연수일 때, $(a^x)^n < (b^y)^n$이면 $a^x < b^y$이다.

06 $2^m(2^n - 1) = 56$을 만족시키는 양의 정수 m, n의 합은?

① 3   ② 4   ③ 5

④ 6   ⑤ 7

✎ 포인트 / 지수법칙

07 n이 홀수일 때, $(-1)^{n+1} \times (-1)^n - (-1)^{2n} \times (-1)^{n+2}$를 간단히 하여라.

✎ 포인트 / [괄호 밖의 지수법칙] $(-1)^n$은 n이 짝수이면, 1 n이 홀수이면 -1 이다.

08 다음 식을 간단히 하여라.

(1) $x^3 \times 2x^2 \times (-x^2)$

(2) $(-x^3) \times (2x^3)^2$

(3) $(-2a^2)^3 \times (-a^2)^2 \times (-a^4)^2$

✎ 포인트 / [단항식의 곱셈] 단항식의 곱셈과 나눗셈은 계수는 계수끼리, 문자는 문자끼리 계산한다.

09 다음 식을 간단히 하여라.

  (1) $12a^3b^3 \div (-3ab)^2$ (2) $(x^2y^4)^2 \div (x^3y)^3$

  (3) $(-3x^2)^3 \div (2x)^5$ (4) $(-3x^2y)^3 \div \left(-\dfrac{1}{3}xy\right)^2$

✎ 포인트 / [단항식의 나눗셈] 지수법칙을 이용하여 괄호를 풀고 같은 문자끼리 모아서 계산한다.

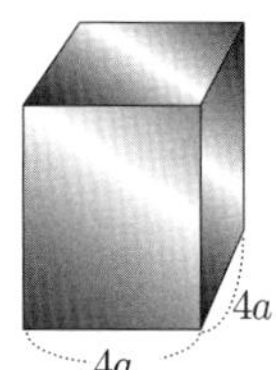

10 오른쪽 그림과 같이 부피가 $48a^2b\,cm^3$인 직육면체의 밑면은 한변의 길이가 $4a\,cm$인 정사각형이다. 이 직육면체의 높이를 구하여라.

✎ 포인트 / [단항식의 나눗셈] (직육면체의 부피)=(가로)×(세로)×(높이)

11 $\left(\dfrac{4}{5}xy\right)^2 \times \Box \div \left(\dfrac{3}{5}x^3y\right)= \dfrac{4}{5}y^2$에서 $\Box$ 안에 알맞은 것은?

  ① $\dfrac{3}{16}x^2y^2$ ② $\dfrac{3}{16}x^2y$ ③ $\dfrac{3}{4}xy$ ④ $\dfrac{3}{4}x^2y$ ⑤ $\dfrac{3}{4}xy^2$

✎ 포인트 / [단항식의 곱셈과 나눗셈의 혼합셈] 나눗셈은 역수를 곱한다.

12 다음 식을 간단히 하여라.

  (1) $4ax^2 \times (-3x)^2 \div 6x^2$

  (2) $3a \times (-2axy) \div (-3by^2)$

  (3) $(-2ab^2) \div (-2ab)^3 \times 4ab^2$

✎ 포인트 / [단항식의 곱셈과 나눗셈의 혼합셈] 계수는 계수끼리, 문자는 같은 문자끼리 계산한다.

01 다항식의 덧셈, 뺄셈

>>> 핵심급소 / $A-(B+C)=A-B-C,\ A-(B-C)=A-B+C$

기본개념

(1) 다항식의 덧셈 : 괄호를 풀고 동류항끼리 모아서 간단히 한다.

(2) 다항식의 뺄셈 : 빼는 식의 각 항의 부호를 바꾸어서 더한다.

(3) 여러 가지 괄호가 있는 식의 계산 : (소괄호) → {중괄호} → [대괄호]의 순서로 괄호를 푼 다음 동류항끼리 모아서 간단히 한다. 이 때, 한 괄호를 풀고 동류항끼리 정리한 후, 다음 괄호를 푼다.

보너스개념

동류항은 문자와 차수가 같은 항을 말한다.

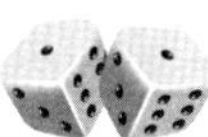

필수예제

다음 식을 간단히 하여라.

(1) $(-2x+5y)+(x-3y)$

(2) $(3a-2b+4)+(a-3b-2)$

(3) $(7x+4y)-(2x-y)$

(4) $(2a+5b-7)-(-3a+7b-8)$

확인유제 01

다음은 $5x-2y-\{y+(x-4y)\}$를 간단히 하는 과정이다.

▭ 안에 알맞은 식을 차례로 써 넣어라.

$$5x-2y-\{y+(x-4y)\}=5x-2y-(\boxed{})=(5x-x)+(-2y+\boxed{})=\boxed{}$$

>>> 핵심급소 / 이차식의 덧셈과 뺄셈도 일차식과 마찬가지로 동류항끼리 모아서 간단히 한다.

 **기본개념**

(1) 이차식 : 다항식의 각 항 중에서 가장 높은 차수가 2인 다항식
(2) 이차식의 덧셈과 뺄셈 : 괄호를 풀고 동류항끼리 모아서 간단히 한다.

 **보너스개념**

$ax^2 + bx + c$에서 ax^2은 x에 관한 일차항, c는 상수항이다.

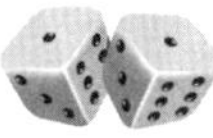 **필수예제**

다음 식을 간단히 하여라.

(1) $(5x^2 - x + 2) - 2(3x^2 + x - 1)$

(2) $2(3x^2 - x - 1) - (-2x^2 + x - 1)$

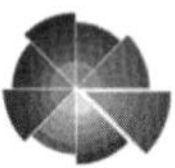 **확인유제 01**

$5x^2 - 4x + 9 - \boxed{} = 7x^2 - 9x + 12$에서 $\boxed{}$ 안에 알맞은 식을 구하여라.

/ 포인트 / $A - \square = B$이면 $\square = A - B$

 **확인유제 02**

$4x - \{3y + (\boxed{})\} = 2x + 2y$의 $\boxed{}$ 안에 알맞은 식을 써 넣어라.

/ 포인트 / 괄호를 푼 다음 □만 남기고 좌변에 있는 항을 모두 우변으로 옮겨서 문자와 차수가 같은 동류항끼리 모아서 간단히 한다.

>>> 핵심급소 / 단항식과 다항식의 곱셈과 나눗셈에서 분배법칙을 이용하여 괄호를 푼다.

기본개념

(1) 단항식과 다항식의 곱셈 : 분배법칙을 이용하여 단항식을 다항식의 각 항에 곱한다.

(2) 다항식과 단항식의 나눗셈 : 다항식과 단항식의 나눗셈은 다음 중 편리한 방법으로 계산한다.

　① 분수의 꼴로 고친 후, 다항식의 각 항을 단항식으로 나눈다.

　② 다항식에 단항식의 역수를 곱하여 분배법칙을 이용하여 계산한다.

보너스개념

$$A(B+C)=AB+AC, \quad (A+B)\div C=\frac{A+B}{C}=\frac{A}{C}+\frac{B}{C}$$

필수예제

다음 식을 간단히 하여라.

(1) $2a(3a-b)$

(2) $2x(3x^2-3x-1)$

(3) $(2a+3ab)\div a$

(4) $(12x+16y)\div 4$

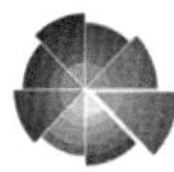

확인유제 01

다음 식을 간단히 하여라.

(1) $(4x^2+8x)\div 2x$

(2) $(2x^2-3x)\div\left(-\dfrac{x}{3}\right)$

(3) $(6x^4-3x^3-9x^2)\div(-3x^2)$

✎포인트 / $A-\square=B$이면 $\square=A-B$

>>> 핵심급소 / 분자나 분모가 다항식일 때, (   )로 묶어라!

 **기본개념**

① 모든 항의 계수의 분모를 분모들의 최소공배수로 통분한다.
② 분자의 괄호를 풀고 동류항끼리 모아서 계산한다.

 **보너스개념**

$$-\frac{B+C}{A} = \frac{-B-C}{A}, \quad -\frac{B-C}{A} = \frac{-B+C}{A}$$

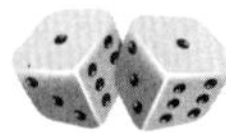 **필수예제**

$\dfrac{4x-y}{3} - \dfrac{x-6y}{6}$ 를 간단히 하면?

① $\dfrac{9x-8y}{6}$　　② $\dfrac{7x-8y}{6}$　　③ $\dfrac{7x-2y}{6}$　　④ $\dfrac{7x+2y}{3}$　　⑤ $\dfrac{7x+4y}{6}$

✏️ 포인트 / 분모를 통분한 다음 동류항끼리 계산한다.

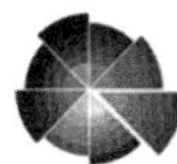 **확인유제 01**

$\dfrac{3x-2y}{4} - \dfrac{4x+3y}{3} + y$ 를 간단히 하여라.

✏️ 포인트 / 모든 항의 계수의 분모를 분모들의 최소 공배수로 통분한 후 분자의 괄호를 풀고 동류항끼리 모아서 간단히 한다.

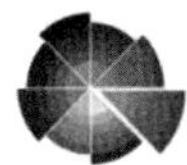 **확인유제 02**

$\dfrac{3x-2y}{2} - 2\left(x - \dfrac{2x-y}{3}\right)$ 를 간단히 하여라.

>>> 핵심급소 / 대입하는 식을 최대한 간단히 정리하여 수나 식에 대입한다.

기본개념

(1) 식의 값 : 주어진 식의 문자에 수를 대입하여 얻는 값

(2) 식의 값 구하는 방법

　① 주어진 식을 간단히 한다.

　② ① 식의 문자에 주어진 값을 대입한다.

(3) 식의 대입 : 주어진 식의 문자에 그 문자를 나타내는 식을 대입하여 다른 문자에 관한 식으로 변형하는 것

보너스개념

$a = x + 2$, $b = 2z + 2$일때, $a + b$를 x에 관한 식으로 나타내면
$a + b = (x + 2) + (2z + 2) = x + 2 + 2x + 2 = 3x + 4$

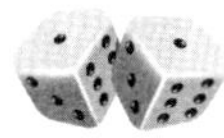

필수예제

$x = -2$, $y = 3$일 때, 다음 식의 값을 구하여라.

(1) $2x + 3y - 1$

(2) $2x^2 - xy + y^2$

확인유제 01

$y = 2x - 1$일 때, 다음 식을 x의 식으로 나타내어라.

(1) $3x + 2y + 1$

(2) $-3x - 2y + 4$

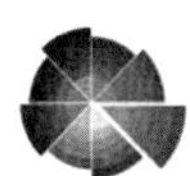

확인유제 02

$A = 6x^2y - 18xy^4$, $B = 2xy$일 때, $A \div 3B$를 x, y의 식으로 나타내어라.

>>> 핵심급소 / y에 관한 식은 y만 들어있는 식을 말한다.

기본개념

등식의 변형 : 여러 가지 문자로 이루어진 등식을 한 문자에 관하여 풀 때에는 등식의 성질을 이용하여 (한 문자)=(다른 문자에 관한 식)의 꼴로 나타낸다.

① 한 문자를 포함하는 항은 좌변으로 나머지 항은 우변으로 이항한다.

② 동류항끼리 계산한다.

③ 한 문자의 계수로 양쪽을 나눈다.

보너스개념

y 에 관하여 푼다 : y 가 포함된 등식을 변형하여 y 를 다른 문자에 관한 식으로 나타내는 것

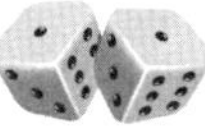

필수예제

다음 등식에 [ ]안의 문자를 다른 문자의 식으로 나타내어라.

(1) $3x + 4y = 12$ $\quad [y]$

(2) $2a - 4b = a + 2b - 12$ $\quad [b]$

(3) $k = \dfrac{a + b + c}{2}$ $\quad [a]$

(4) $S + 4t = at + C$ $\quad [t]$

✏️포인트 / [식의 변형 POINT] (1) 등식을 지정문자에 관한 식으로 변형하면 (지***)=(다**** 관**)
　　　　　　　　　　　　 (2) 다항식을 지정문자에 관한 식으로 변형하면 (지***)만 포함한 식

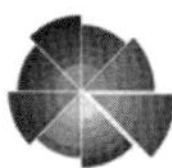

확인유제 01

밑변의 길이가 a, 높이가 h인 삼각형의 넓이를 S라 할 때, a를 h, S에 관한 식으로 나타내어라.

✏️포인트 / (삼각형의 넓이)=$\dfrac{1}{2}$×(밑변의 길이)×(높이)

07 비례식

기본개념

비례식으로 주어진 식의 계산

(외항끼리의 곱)=(내항끼리의 곱), 즉 $a:b=c:d \Leftrightarrow ad=bc \Leftrightarrow \dfrac{a}{b}=\dfrac{c}{d}$ (내항/외항)

보너스개념

$x:2=y:4$를 x에 관하여 풀면 $x:2=y:4$, $4x=2y$ $\therefore x=\dfrac{1}{2}y$

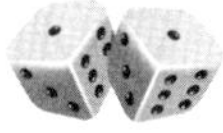

필수예제

다음 비례식을 y에 관하여 풀어라.

(1) $(x+y):(2x-y)=2:3$

(2) $3:x=4:(x-2y)$

✎ 포인트 / 비례식에서 내항의 곱은 외항의 곱과 같다.

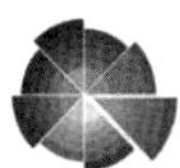

확인유제 01

$a:b=2:1$일 때, 다음 식의 값을 구하여라.

(1) $\dfrac{b}{a}$

(2) $\dfrac{a^2-b^2}{a^2+b^2}$

✎ 포인트 / 비례식 $a:b=2:1$이면 $a=2k, b=k$로 놓고 문제를 풀어도 된다.

확인유제 02

$x:y=2:3$일 때, $\dfrac{xy}{x^2+y^2}$의 값을 구하여라.

✎ 포인트 / $x:y=2:3$이므로 $x=2k, y=3k$로 놓고 문제를 풀어도 된다.

개념다지기 문제

01 $5a - [4b - 2a - \{a - (4a - 3b)\}]$를 간단히 하여라.

02 어떤 식에 $-2x^2 + 3x - 2$를 더해야 할 것을 잘못하여 빼었더니 $6x^2 + 4x - 3$이 되었다. 옳은 답을 구하면?

① $6x^2 + 4x - 3$　　　　② $6x^2 + 10x - 7$　　　　③ $2x^2 + 4x - 3$

④ $2x^2 - 10x - 3$　　　　⑤ $2x^2 + 10x - 7$

03 다음 식을 간단히 하여라.

(1) $2a(3a - 2b + 1)$　　　　　　(2) $x(2x - y) - 2y(3x + y)$

(3) $(6a^2 - 12ab) \div (-3a)$　　　　(4) $(-6x^2y + 12xy - 18y^2) \div \dfrac{3}{4}y$

04 $A = 3x + 7y$, $B = 4y - x$일 때, $A - 2B$를 x, y에 관한 식으로 나타내어라.

05 $x = -2$일 때, $(8x^3 + 2x^2 - 6x) \div (-2x) - (10x^4 - 5x^2) \div 5x^2$의 값을 구하여라.

✐포인트 / [식의 대입] 주어진 식을 간단히 한 다음 $x = -2$를 대입한다.

06 다항식 $\left(x - \dfrac{1}{2}y\right)$에서 다항식 $\left(-\dfrac{2}{3}x + \dfrac{1}{4}y\right)$를 뺀 식을 간단히 하여라.

✐포인트 / 다항식의 계산

07 $12xy\left(-\dfrac{1}{6}x - \dfrac{3}{4}y + \dfrac{1}{3}\right) - \dfrac{3}{4}xy\left(-\dfrac{5}{3}x + \dfrac{1}{6}y - \dfrac{1}{3}\right)$을 간단히 하여라.

✐포인트 / 다항식의 계산

08 세 명의 수학 점수는 각각 x점, y점, z점이다. x와 y의 평균은 a, y와 z의 평균은 b, z와 x의 평균은 c일 때, x를 a, b, c를 써서 나타내어라.

✐포인트 / 등식의 변형

09 $\dfrac{x}{2x+1} = \dfrac{3y}{y^2-y+3}$ 일 때, x를 y의 식으로 나타내어라.

✎ 포인트 / [등식의 변형] 주어진 식을 $x=(y$에 관한 식)으로 나타낸다.

10 비례식 $(x-2y):(3x-5)=2:1$을 y에 관하여 풀면?

① $y=-\dfrac{7}{2}x+5$ ② $y=-\dfrac{1}{4}x+\dfrac{5}{4}$ ③ $y=-\dfrac{1}{4}x-\dfrac{5}{4}$

④ $y=-\dfrac{5}{2}x-5$ ⑤ $y=-\dfrac{5}{2}x+5$

✎ 포인트 / 비례식

11 $x:y=2:3$일 때, $\dfrac{x^2+2xy+4y^2}{x^2}$ 의 값은?

① 9   ② 11   ③ 12   ④ 13   ⑤ 15

✎ 포인트 / [비례식] $x:y=2:3$을 이용하여 y를 x의 식으로 나타낸다.

12 $\dfrac{a-5b}{2a-3b}=2$일 때, $a:b$를 구하면?

① 3:2   ② 3:1   ③ 3:4   ④ 2:3   ⑤ 1:3

✎ 포인트 / [비례식]

01 다항식의 곱셈

>>> 핵심급소 / 다항식의 곱셈은 분배법칙을 이용하여 전개한 후 한 문자에 대해 차수가 높은 것부터 차례로 나열한다.

기본개념

(1) 전개 : 2개 이상의 다항식의 곱을 하나의 다항식으로 나타내는 것

(2) 전개식 : 다항식의 곱을 전개하여 얻은 식

(3) 다항식의 곱셈

  ① (단항식) × (다항식) : 분배법칙을 이용하여 전개한다.

    $a(b+c) = ab + ac, \quad (a+b)c = ac + bc$

  ② (다항식) × (다항식) : 분배법칙을 이용하여 다음과 같은 방법으로 전개한 후 동류항끼리 간단히 하여 내림차순으로 정리한다. $(a+b)(c+d) = ac + ad + bc + bd$

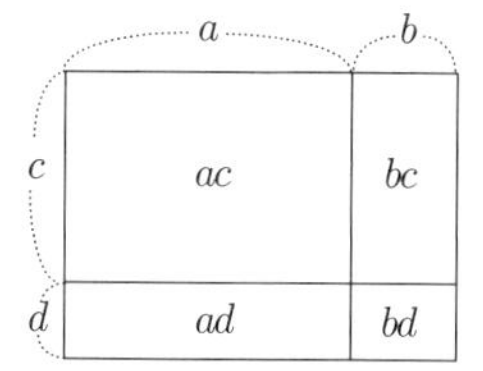

보너스개념

- 내림차순 정리 : 어떤 문자에 대하여 차수가 높은 항부터 낮은 항으로 차례로 쓰는 것.
- 동류항 : 문자와 차수가 같은 항

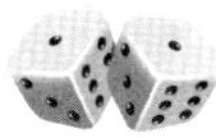

필수예제

다음 식을 전개하여라.

(1) $(3a-b)(-2a+b)$ (2) $(x-y)(5x-2y+1)$

✏️ 포인트 / 분배법칙을 이용하여 전개한 후 동류항끼리 간단히 한다.

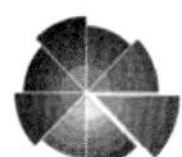

확인유제 01

오른쪽 그림에서 직사각형 전체의 넓이가 $ax^2 + bx + c$일 때, 상수 a, b, c의 값을 구하여라.

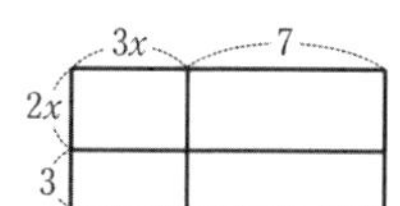

✏️ 포인트 / $(a+b)(c+d) = ac + ad + bc + bd$

확인유제 02

$(x+y-2)(x-3y)$를 전개한 식에서 xy의 계수는?

① -4 ② -2 ③ 0 ④ 2 ⑤ 4

>>> 핵심급소 / 합과 차의 완전제곱식 : $(a \pm b)^2 = a^2 \pm 2ab + b^2$

 **기본개념**

(1) 합의 완전제곱식

$$(a+b)^2 = a^2 + 2ab + b^2$$

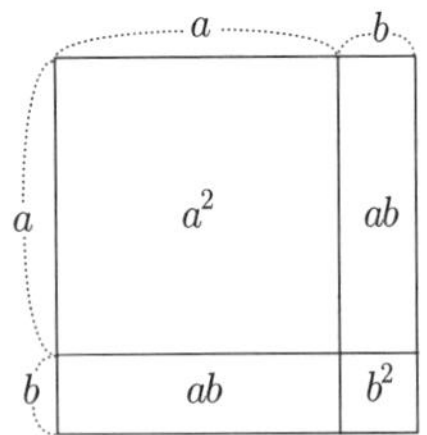

$$(a+b)^2 = a^2 + ab + ab + b^2$$
$$= a^2 + 2ab + b^2$$

(2) 차의 완전제곱식

$$(a-b)^2 = a^2 - 2ab + b^2$$

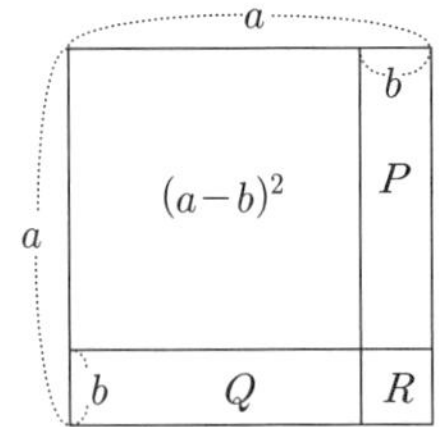

$$(a-b)^2 = a^2 - P - Q - R$$
$$= a^2 - b(a-b) - b(a-b) - b^2$$
$$= a^2 - 2ab + b^2$$

 **보너스개념**

$$(-A-B)^2 = (A+B)^2, \quad (-A+B)^2 (A-B)^2$$

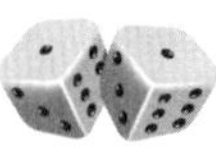 **필수예제**

다음 식을 계산하여라.

(1) $(5x + 2y)^2$ (2) $(3a - 4)^2$

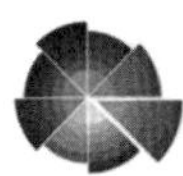 **확인유제 01**

$\left(2x + \dfrac{1}{2}\right)^2$ 을 전개한 식에서 상수항을 구하여라.

✏ 포인트 / $(a+b)^2 = a^2 + 2ab + b^2$을 이용하여 전개한다.

 **확인유제 02**

곱셈 공식을 이용하여 $(2x + A)^2$을 전개한 식이 $4x^2 - 12x + B$ 일 때, A, B의 값을 구하여라.

 핵심급소 / 합과 차의 곱 : $(a+b)(a-b) = a^2 - b^2$

기본개념

합과 차의 곱

$$(a+b)(a-b) = a^2 - b^2$$

$$(a+b)(a-b) = P + Q$$
$$= P + S \ (\because S = Q)$$
$$= (P + R + S) - R$$
$$= a^2 - R$$
$$= a^2 - b^2$$

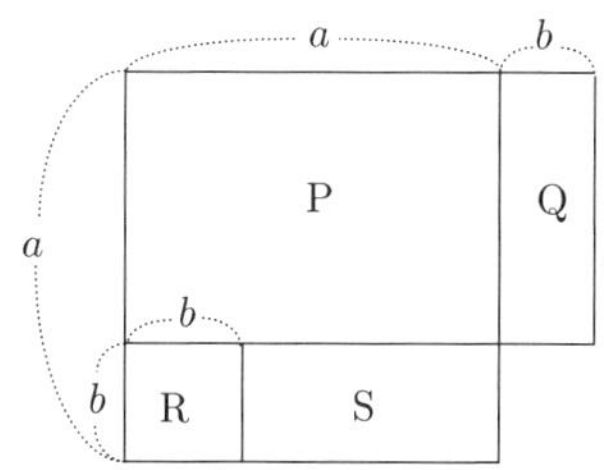

보너스개념

$$(a+b)(a-b) = a^2 - ab + ba - b^2 = a^2 - b^2$$

 **필수예제**

다음 식을 전개하여라.

(1) $(3a - 2)(3a + 2)$

(2) $(-x + 5y)(-x - 5y)$

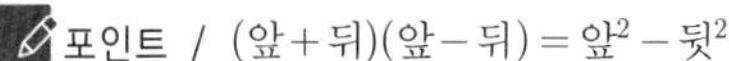 포인트 / $(앞 + 뒤)(앞 - 뒤) = 앞^2 - 뒷^2$

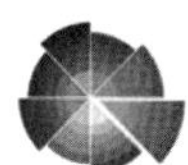 **확인유제 01**

$(x - 2)(x + 2)(x^2 + 4)$를 전개하여라.

포인트 / 곱셈공식(2)를 두 번 이용 한다.

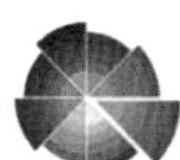 **확인유제 02**

다음을 계산하여라.

(1) $(2\sqrt{3} - 1)(2\sqrt{3} + 1)$

(2) $(\sqrt{5} + 2\sqrt{3})(\sqrt{5} - 2\sqrt{3})$

(3) $(-3 + 3\sqrt{2})(-3 - 3\sqrt{2})$

(4) $(-2\sqrt{5} - 5\sqrt{2})(-2\sqrt{5} + 5\sqrt{2})$

>>> 핵심급소 / x의 계수가 1 인 두 일차식의 곱 : $(x+a)(x+b)=x^2+(a+b)x+ab$

기본개념

x의 계수가 1 인 두 일차식의 곱

$$(x+a)(x+b)=x^2+(a+b)x+ab$$
$$(x+a)(x+b)=x^2+ax+bx+ab$$
$$=x^2+\underline{(a+b)}x+\underline{ab}$$

합   곱

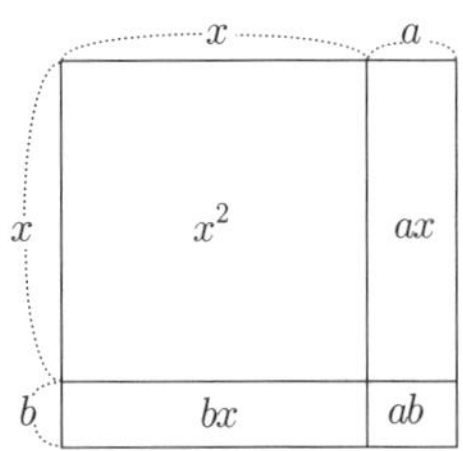

보너스개념

$\sqrt{\ }$ 가 있다고 해서 모두 무리수는 아니다.

예를 들면 $\sqrt{16}=\sqrt{4^2}=4$와 같이 근호 안의 수가 유리수의 제곱이 되는 수는 유리수이다.

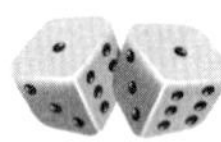

필수예제

다음 식을 전개하여라.

(1) $(x+2)(x+3)$ (2) $(a+4)(a-5)$ (3) $(x-2y)(x+6y)$

✏ 포인트 / 곱셈 공식(3)을 이용하여 전개한다.

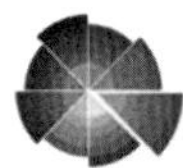

확인유제 01

다음 식을 전개하여라.

(1) $(x+7)(x+3)$ (2) $(a+1)(a-2)$

(3) $(x-5)(x+2)$ (4) $(a-2b)(a-b)$

확인유제 02

$2(x-3y)(x+y)-(x-2y)(x-y)$를 전개하여라.

05 곱셈 공식(4)

기본개념

x의 계수가 1이 아닌 두 일차식의 곱

$$(ax+b)(cx+d) = acx^2 (ad+bc)x + bd$$
$$(ax+b)(cx+d) = acx^2 + adx + bcx + bd$$
$$= acx^2 + (ad+bc)x + bd$$

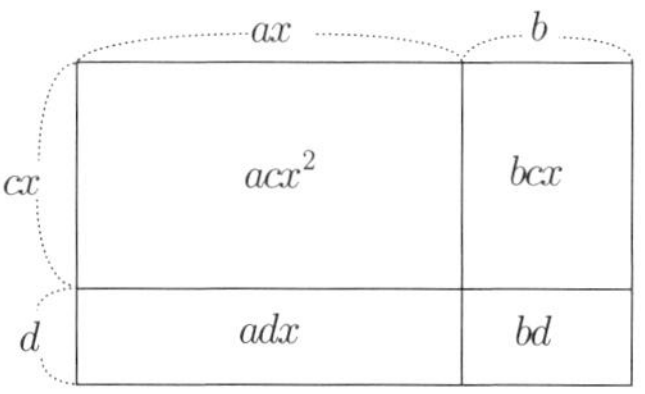

보너스개념

$(ax+b)(cx+d)$의 전개식에서 x^2의 계수는 ac, x의 계수는 $(ad+bc)$, 상수항은 bd이다.

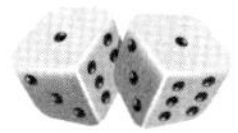

필수예제

$(3\sqrt{3} - 2\sqrt{2})(4\sqrt{3} + 3\sqrt{2})$를 계산하여라.

포인트 / 곱셈 공식(4)를 이용하여 전개한 후 동류항끼리 계산하여 간단히 한다.

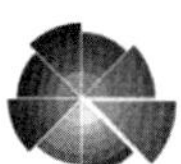

확인유제 01

$(2x-3)(x+2)$를 전개하여라.

포인트 / $(ax+b)(cx+d) = acx^2 + (ad+bc)x + bd$

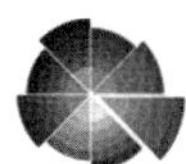

확인유제 02

$(5x-y)(-2x+3y)$의 전개식에서 x^2의 계수를 A, xy의 계수를 B, y^2의 계수를 C라 할 때, A + B + C의 값을 구하여라.

01 $(2-3\sqrt{2})(3\sqrt{2}+4)=a+b\sqrt{2}$ 일 때, $a+b$의 값은?

(단, a,b는 유리수이다.)

① -16 ② -8 ③ 8 ④ 12 ⑤ 36

🖉 포인트 / [다항식의 곱셈] 분배법칙을 이용하여 계산한다.

02 $(3-2\sqrt{3})(x-4\sqrt{3})$이 유리수가 되도록 하는 유리수 x의 값은?

① -6 ② -3 ③ -1 ④ 2 ⑤ 4

🖉 포인트 / [다항식의 곱셈] 유리수 $a,b,c>0$, $c\neq1$에 대하여 $a+b\sqrt{c}$가 유리수가 되려면 $b=0$

03 다음 식을 전개하여라.

(1) $\left(2x-\dfrac{1}{5}\right)^2$ (2) $\left(-x+\dfrac{1}{3}\right)^2$

(3) $(-3x-y)^2$ (4) $\left(\dfrac{a}{2}+\dfrac{b}{3}\right)^2$

🖉 포인트 / 완전제곱식

04 $(a+b)^2-(a-b)^2-4ab$를 간단히 하면?

① 0 ② a^2+b^2 ③ $2a^2+2b^2$

④ $4ab$ ⑤ $8ab$

🖉 포인트 / [완전제곱식] 완전제곱식을 전개한 후 간단히 한다.

05 $x+y=2\sqrt{2}$, $xy=2$일 때, x^2-xy+y^2의 값은?

① 1 　　　　② 2 　　　　③ 4 　　　　④ 5 　　　　⑤ 8

✎ 포인트 / [완전제곱식] $x^2-xy+y^2=(x+y)^2-2xy-xy$임을 이용 한다.

06 다음 식을 전개하여라.

(1) $(4x-2)(4x+2)$ 　　　　　　　　(2) $(3x+1)(-3x+1)$

(3) $(-2x+3y)(-2x-3y)$ 　　　　　(4) $\left(3x-\dfrac{1}{2}\right)\left(3x+\dfrac{1}{2}\right)$

✎ 포인트 / [곱셈 공식(2)] $(-a-b)(a-b)=-(a+b)(a-b)=-(a^2-b^2)=-a^2+b^2$

07 $(3\sqrt{2}+\sqrt{5})(3\sqrt{2}-\sqrt{5})$를 계산하면?

① 10 　　　　② 11 　　　　③ 12 　　　　④ 13 　　　　⑤ 14

✎ 포인트 / [합, 차의 곱] $(a+b)(a-b)=a^2-b^2$의 곱셈공식을 이용하여 근호가 포함된 식의 계산을 간단히 한다.

08 다음 식을 전개하여라.

(1) $(x-2)(x+2)(x^2+4)$

(2) $(a-3b)(a+3b)(a^2+9b^2)(a^4+81b^4)$

✎ 포인트 / [곱셈 공식(2)] 곱셈 공식을 활용하여 복잡한 식을 전개한다.

09 오른쪽 그림의 직사각형에서 어두운 부분의 넓이를 x에 대한 전개식으로 나타내어라.

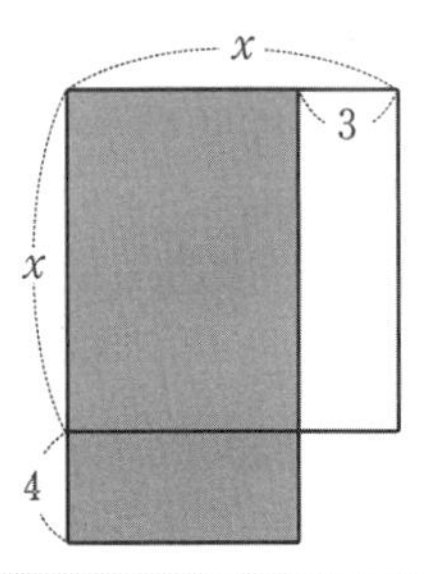

10 오른쪽 그림에서 어두운 부분의 넓이를 나타내는 식은?

① $x^2 - 6y^2$ ② $x^2 - xy + 5y^2$

③ $x^2 - xy - 6y^2$ ④ $x^2 - 5xy + 6y^2$

⑤ $x^2 - 5xy$

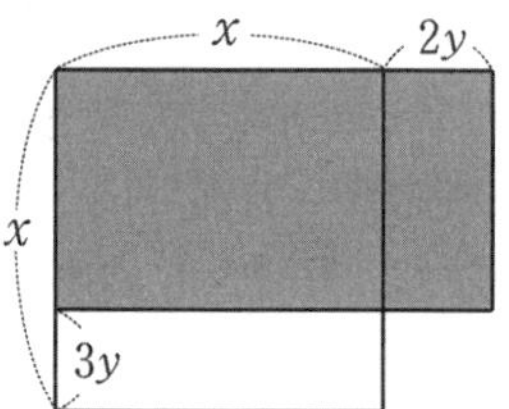

11 $(2x+a)(3x+4) = 6x^2 + bx + 12$일 때, $a\,b$의 값을 구하여라.

12 다음 중 옳은 것을 모두 고른 것은?

> ㄱ. $(-a+b)^2 = -a^2 - 2ab + b^2$ ㄴ. $(-a+b)(-a-b) = a^2 - b^2$
>
> ㄷ. $(a-b)(a+2b) = a^2 + ab - 2b^2$ ㄹ. $(a+b)^2 - (a-b)^2 = 0$
>
> ㅁ. $\left(a + \dfrac{1}{a}\right)^2 = a^2 + \dfrac{1}{a^2}$

① ㄱ, ㄴ   ② ㄱ, ㄹ   ③ ㄴ, ㄷ   ④ ㄴ, ㅁ   ⑤ ㄷ, ㄹ

더 큰 뜻을 생각하며

아메리카 대륙을 발견한 크리스토퍼 콜럼버스와 배에 같이 탄 사람 가운데
구두 만드는 것이 평생 소원인 사람이 있었습니다.

그는 항해중에도 그것만 생각하고 있었습니다.

 자기가 다시 본국으로 돌아가기 전에
어떤 다른 사람이 유명한 구두 제조업자로 성공하여
자기를 앞질러 버리지 않을까 하는 걱정으로 가득 차 있었습니다.

이 사람은 세계 역사를 만들 항해에 동참한 사람 중 하나였지만
그 항해의 의미를 알지 못하고 있었던 것입니다.

큰 일의 의미를 모르고 작은 일에 매달려 있을 때에 이런 일이 생깁니다.

C.Columbus(1451-1506)
이탈리아 출신의 탐험가. 아메리카 대륙의 발견자.

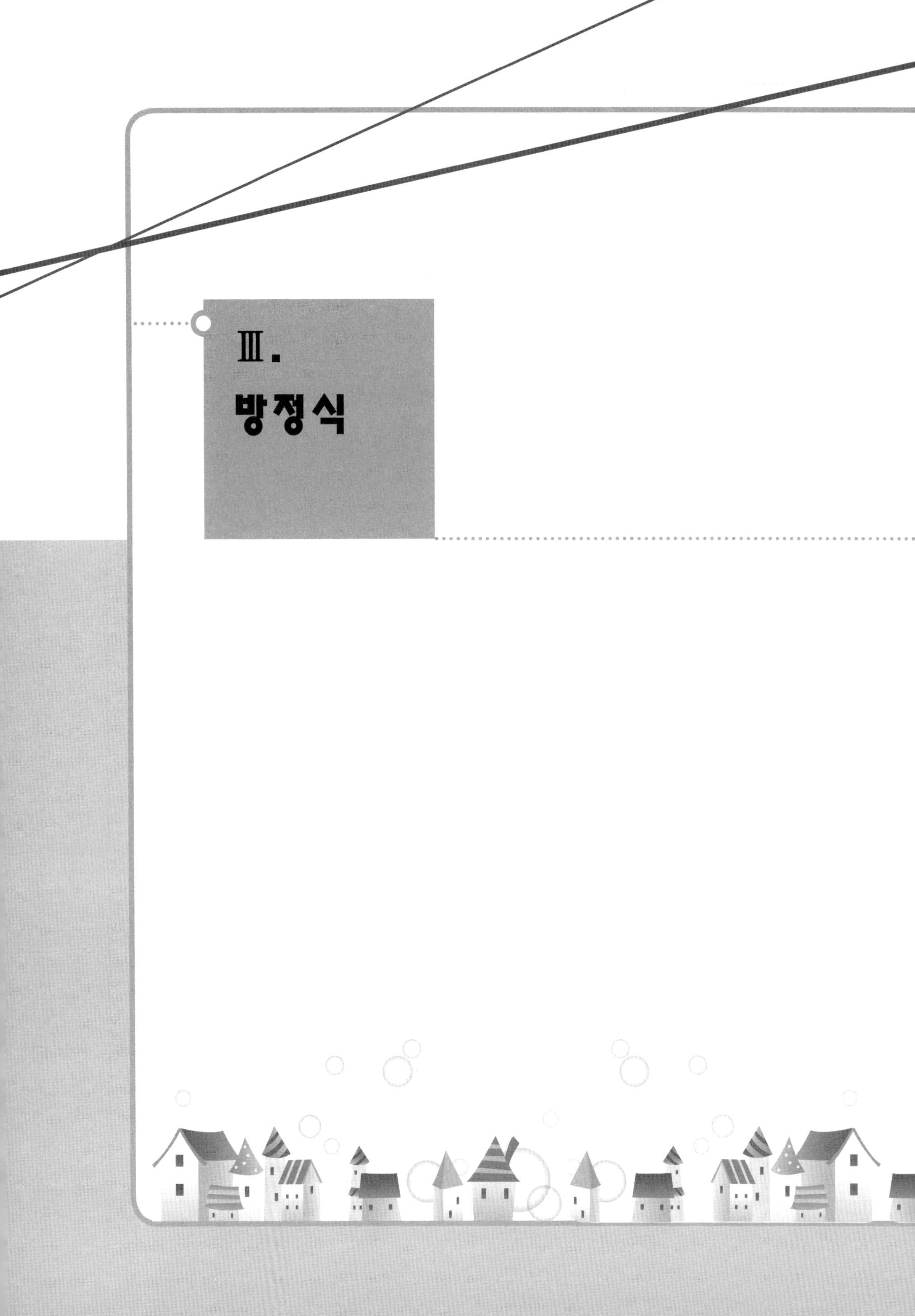

Ⅲ.
방정식

01 미지수가 2개인 일차방정식

>>>> 핵심급소 / 미지수가 2개인 일차방정식 을 판별할 때, 먼저 동류항을 정리한다.

 **기본개념**

(1) 미지수가 2개인 일차방정식 : 미지수가 2개이고, 그 차수가 1인 방정식
(2) 두 개의 미지수 x, y에 관한 일차방정식
$ax+by+c=0(a, b, c$는 상수, $a\neq0$, $b\neq0)$의 꼴로 나타내어진다.

 **보너스개념**

일차방정식의 일반형
① 미지수가 1개인 경우 : $ax+b=0\,(a\neq0)$
② 미지수가 2개인 경우: $ax+by+c=0\,(a\neq0, b\neq0)$

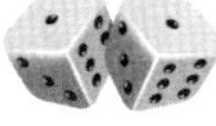 **필수예제**

$2y=x-1$을 $ax+by+c=0$의 꼴로 고칠 때, $a+b+c$의 값을 구하여라. (단, $a<0$)

✎포인트 / 모든 항을 좌변으로 이항하여 $ax+by+c=0$의 꼴로 나타낸다.

 **확인유제 01**

$ax-3y=x-1$이 두 미지수 x,y에 대한 일차방정식이 되기 위한 a의 조건을 말하여라.

✎포인트 / 미지수 x, y에 대한 일차방정식이 되려면 x, y의 계수가 0이 되지 않아야한다.

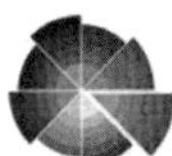 **확인유제 02**

1개에 400원인 사과 x개와 1개 500원인 배 y개를 2400원에 샀다. 두 미지수 x, y를 이용하여 일차방정식을 세워라.

✎포인트 / 두 미지수 x, y를 사용하 여 주어진 조건을 만족하는 등식을 세운다.

>>> 핵심급소 / 미지수가 x, y일 때, 미지수가 2개인 일차방정식의 해는 그 방정식을 만족하는 x, y이 값이다.

기본개념

(1) 미지수가 2개인 일차방정식의 해 : 두 개의 미지수 x, y에 관한 일차방정식을 만족하는 x, y의 값 또는 그 순서쌍 (x, y)

(2) 방정식을 푼다 : 방정식의 해를 구하는 것

보너스개념

방정식의 해란 주어진 방정식을 참이 되게 하는 미지수의 값이다.

필수예제

순서쌍 $(5, a)$, $(b+2, 1)$이 일차방정식 $2x - y = 4$의 해일 때, $a + 2b$의 값은?

① 7　　　② 9　　　③ 10　　　④ 11　　　⑤ 12

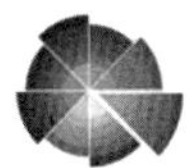

확인유제 01

미지수 x, y가 자연수일 때, 다음 방정식의 해를 구하여라.

(1) $x + y = 5$　　　　　(2) $x + 3y = 10$

(3) $3x + 2y = 20$　　　(4) $2x + y = 4$

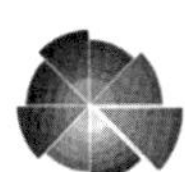

확인유제 02

다음 중 일차방정식 $2x - y = 3$의 해인 것은?

① $(0, 2)$　　② $(1, 1)$　　③ $(2, 1)$　　④ $(3, 1)$　　⑤ $(4, 8)$

>>> 핵심급소 / x, y의 값이 주어졌을 때 일반적으로 x는 가로축, y는 세로 축으로 하여 좌표평면 위에 나타낸다.

 **기본개념**

(1) 미지수가 2개인 일차방정식의 그래프 : 미지수가 2개인 일차방정식의 해 (x, y)를 모두 좌표평면 위에 나타낸 것

(2) 해가 유한 개일 때 : 그래프는 유한 개의 점으로 나타내어진다.

 **보너스개념**

x, y의 값의 범위가 자연수 전체인 일차방정식에서 순서쌍 (x, y)는 모두 제 1사분면 위에 있는 점이 된다.

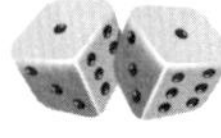 **필수예제**

x, y가 자연수일 때, 방정식 $2x + y = 7$의 그래프를 그려라.

포인트 / 일차방정식의 해를 좌표평면 위에 나타내면 그 방정식의 그래프가 된다.

 **확인유제 01**

다음 일차방정식의 그래프 중 $(1, 2)$를 지나는 그래프는?

① $x - 3y - 5 = 0$　　　② $y = -x + 3$　　　③ $2x + 3y = 7$

④ $3x + y = 1$　　　⑤ $5x - y = 4$

포인트 / 점 (p, q)가 일차방정식 $ax + by + c = 0$의 그래프 위의 점이면 $ap + bq + c = 0$ 성립한다.

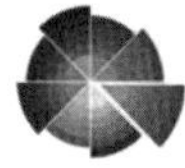 **확인유제 02**

다음 일차방정식 $2x + 3y = 13$의 그래프 위에 있는 점은?

① $(2, 3)$　　　② $(-1, 3)$　　　③ $(0, 3)$　　　④ $\left(-2, \dfrac{14}{3}\right)$　　　⑤ $\left(1, \dfrac{10}{3}\right)$

>>> 핵심급소 / x, y의 범위에 관해 언급이 없을 때에는 수 전체의 집합의 범위로 생각한다.

기본개념

(1) 직선의 방정식 : x, y의 값의 범위가 수 전체의 집합일 때의 일차방정식
   $ax + by + c = 0(a, b, c$는 상수, $a \neq 0, b \neq 0)$을 직선의 방정식이라고 한다.

(2) 직선의 방정식의 해 : 무수히 많으며 그 해를 좌표평면 위에 나타내면 직선이 된다.

보너스개념

직선의 방정식의 그래프를 그릴 때, 서로 다른 두 점은 오직 1개의 직선을 결정하므로 순서쌍을 2개만 찾아 연결해도 된다.

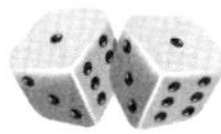

필수예제

다음 중 그 해를 좌표평면 위에 나타냈을 때,
오른쪽 그림과 같은 일차방정식은?

① $3x - 2y = 6$ ② $3x + 2y = 6$

③ $3x - 2y = -6$ ④ $3x + 2y = -6$

⑤ $x - 2y = 5$

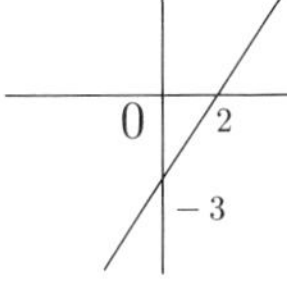

포인트 / [그래프 위의 두 점] 주어진 방정식에 각각 대입하여 참이 되는 것을 찾는다.

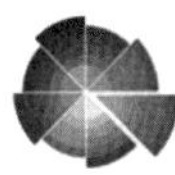

확인유제 01

오른쪽 그림은 일차방정식 $x - y = a$의 그래프이다. 이 때, a의 값은?

① 5   ② 6   ③ 7

④ 8   ⑤ 9

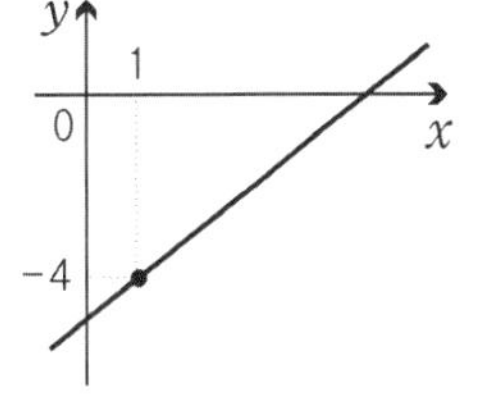

포인트 / (그래프의 점의 좌표) = (그래프의 방정식의 해)

>>> 핵심급소 / 두 방정식을 모두 만족시키는 것만이 연립방정식의 해가 된다.

기본개념

(1) 미지수가 2개인 연립일차방정식
  미지수가 2개인 일차방정식 두 개를 한 쌍으로 묶어놓은 것
(2) 연립방정식의 해
  연립방정식에서 두 방정식을 동시에 만족시키는 x, y의 값 또는 그 순서쌍 (x, y)
(3) 연립방정식을 푼다
  연립방정식의 해를 구하는 것

보너스개념

- 연립방정식의 해의 집합은 각 일차방정식의 해의 집합의 교집합이다.
- 연립방정식의 해는 각 일차방정식의 그래프 즉, 두 직선의 교점의 좌표와 같다.

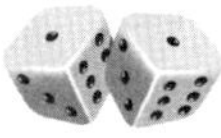

필수예제

100 원짜리 우표 x장과 200원짜리 우표 y장을 합하여 10장을 사고 모두 1400원을 지불하였다. 이 때 x, y에 관한 연립방정식을 만들어라.

✎포인트 / 두 개의 미지수 x, y를 사용하여 조건을 만족하는 연립방정식을 만든다.

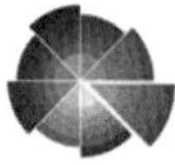

확인유제 01

다음 문장을 미지수가 2개인 연립방정식으로 만들어라.
(1) 한 개에 100원 하는 연필과 250원 하는 볼펜을 합하여 10개를 1450원에 샀다.
(2) 거리가 18km인 A, B두 지점 사이를 A에서 출발하여 시속 4km로 걷다가 늦을 것 같아서 도중에 시속 8km로 뛰었더니 3시간 만에 B에 도착하였다.

개념다지기 문제

01 다음 중 미지수가 2개인 일차방정식은?

① $2x-1=0$ 　　② $y+2x=2x-1$ 　　③ $x^2-1=0$

④ $2x+y-1$ 　　⑤ $3x-y=2$

✐포인트 / [미지수가 2개인 일차방정식] 미지수가 2개인 일차방정식은 우변의 모든 항을 좌변으로 이항하여 정리하였을 때, $ax+by+c=0$ $(a\neq0,\ b\neq0)$의 꼴로 나타내어지는 방정식이다.

02 일차방정식 $ax+y-5=0$은 $x=2$일 때, $y=9$라고 한다. $y=7$일 때, x의 값은?

① 1 　　② 2 　　③ 3 　　④ 4 　　⑤ 5

✐포인트 / [미지수가 2개인 일차방정식의 해] $(2,9)$를 방정식에 대입하여 a의 값을 먼저 구한다.

03 $x,\ y$가 자연수일 때, 일차방정식 $2x+y=11$을 만족하는 순서쌍 $(x,\ y)$의 개수는?

① 3개 　　② 4개 　　③ 5개 　　④ 6개 　　⑤ 7개

✐포인트 / [미지수가 2개인 일차방정식의 해] $x,\ y$가 자연수이므로 주어진 방정식의 x에 1, 2, 3…을 차례대로 대입하여 그에 대응하는 y의 값을 구하고 그중에서 자연수인 것을 택한다.

04 $5\leq x\leq10$인 자연수 x에 대하여 y도 자연수일 때, 일차방정식 $3x-2y=1$의 해를 모두 순서쌍으로 나타내어라.

✐포인트 / [미지수가 2개인 일차방정식의 해] 자연수 x를 주어진 식에 대입했을 때 y의 값이 자연수가 되는 경우를 찾는다.

05 다음 방정식 중에서 그 그래프가 점 $(2, -1)$을 지나는 것은?

① $3x+4y=2$ ② $-3x+4y=-7$ ③ $x+5y=3$

④ $-x+5x=7$ ⑤ $-2x+y=-4$

✎ 포인트 / [미지수가 2개인 일차방정식의 그래프] 점 (p, q)가 일차방정식 $ax+by+c=0$의 그래프 위에 있으면 $ap+bq+c=0$이 성립한다.

06 다음 중 오른쪽 그림과 같은 점들을 지나는 그래프를 갖는 일차방정식은?

① $x-2y=0$ ② $-x+y=1$

③ $y=x$ ④ $2x+y=1$

⑤ $x-y=1$

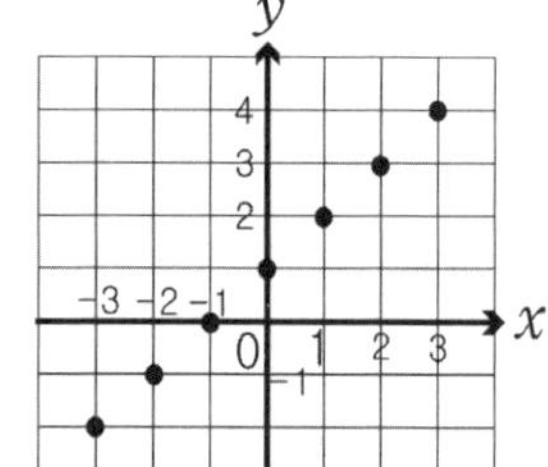

✎ 포인트 / [미지수가 2개인 일차방정식의 그래프] 그래프 위의 점들의 좌표 중 한 점을 선택하여 일차방정식에 대입한다.

07 x, y가 자연수 전체의 집합의 원소일 때, 일차방정식 $2x + y = 7$의 그래프를 그려라.

✎ 포인트 / [미지수가 2개인 일차방정식의 그래프] 일차방정식 $2x+y=7$의 해를 구해 좌표 평면 위의 점으로 나타낸다.

08 오른쪽 그래프는 일차방정식 $2x + ay = 12$의 그래프이다. 이 때, a의 값을 구하여라.

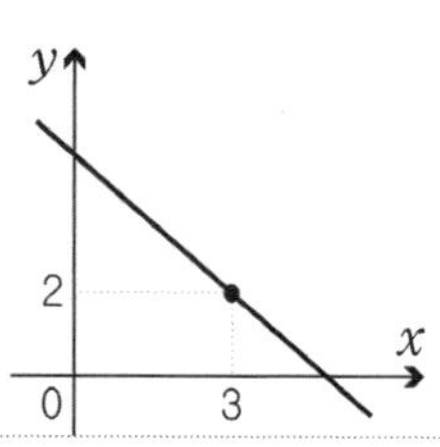

✎ 포인트 / [직선의 방정식과 그래프] 그래프 위의 점의 좌표를 일차방정식에 대입하여 a의 값을 구한다.

09 점 $(-2, 2)$가 일차방정식 $ax + 3y = 14$의 그래프 위에 있을 때, a의 값을 구하여라.

> 포인트 / [직선의 방정식과 그래프] (그래프의 점의 좌표) = (그래프의 방정식의 해)

10 x, y에 관한 연립방정식 $\begin{cases} 4x + ay = 8 \\ bx - y = 8 \end{cases}$ 의 해가 $(3, 1)$일 때, ab의 값은?

① -12 　　② -6 　　③ 3 　　④ 9 　　⑤ 12

> 포인트 / [미지수가 2개인 연립방정식] x, y의 값을 주어진 방정식에 대입한다.

11 오리와 토끼가 모두 6마리 있다. 다리 수의 합이 20일 때, 오리와 토끼는 각각 몇 마리인지 구하여라.

> 포인트 / [미지수가 2개인 연립방정식] 두 미지수 x, y를 사용하여 주어진 조건을 만족하는 연립방정식을 세우고 해를 구한다.

12 다음 연립방정식 중 그 해가 $(2, -1)$인 것은?

① $\begin{cases} 3x - y = 7 \\ 2x + 3y = -1 \end{cases}$ 　　② $\begin{cases} x + 3y = -1 \\ 2x - y = 5 \end{cases}$ 　　③ $\begin{cases} 3x + y = 5 \\ 2x + y = 1 \end{cases}$

④ $\begin{cases} 2x - 4x = 6 \\ 5x + 4y = 3 \end{cases}$ 　　⑤ $\begin{cases} 4x - 2y = 1 \\ 2x + y = -1 \end{cases}$

> 포인트 / [미지수가 2개인 연립방정식] $x=2$, $y=-1$을 대입하여 연립방정식을 만족하는지 확인한다.

01 대입법

>>> 핵심급소 / 미지수를 소거하여 (미지수가 2개인 일차방정식)을 (미지수가 1개인 일차방정식)으로 바꾼다.

 기본개념

(1) 소거한다 : 연립방정식의 두 방정식에서 한 미지수를 없애는 것

(2) 대입법 : 연립방정식의 한 일차방정식을 어느 한 미지수에 관하여 풀고, 이것을 다른 일차방정식에 대입하여 해를 구하는 방법이다.

한 쪽의 방정식이 $x = ay + b$ 또는 $y = cx + d$의 꼴 일 때, 대입법으로 풀면 편리하다.

 보너스개념

$$\begin{cases} A = B \\ A = C \end{cases} \Rightarrow B = C$$

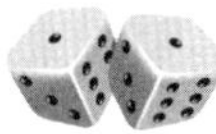 필수예제

다음 연립방정식을 대입법으로 풀어라.

(1) $\begin{cases} x = 8 - y \\ 2x + 3y = 14 \end{cases}$

(2) $\begin{cases} 2y = 4x - 21 \\ 2y = 6x - 29 \end{cases}$

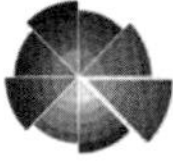 확인유제 01

연립방정식 $\begin{cases} y = 3x \\ 2x - y = 5 \end{cases}$ 를 대입법으로 풀어라.

>>> 핵심급소 / 대입법, 가감법 중 어떤 방법으로 풀어도 해는 항상 같게 나온다.

기본개념

가감법 : 연립방정식의 두 방정식을 변끼리 더하거나 빼어서 한 미지수를 소거하여 연립
방정식의 해를 구하는 방법

① 소거하려는 미지수의 절댓값을 같게 만든다.

② 미지수의 부호가 같으면 뺀다.

미지수의 부호가 다르면 더한다.

보너스개념

$$\begin{cases} A = B \\ C = D \end{cases} \Rightarrow A + C = B + D \ \text{또는} \ A - C = B - D$$

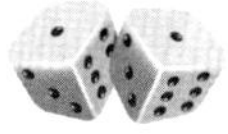

필수예제

연립방정식 $\begin{cases} 2x + 3y = 10 \\ 3x - y = 4 \end{cases}$ 를 가감법으로 풀어라.

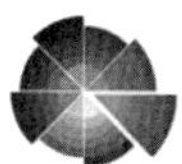

확인유제 01

다음 연립방정식을 가감법으로 풀어라.

(1) $\begin{cases} x + y = 5 \\ x - 1 = 1 \end{cases}$

(2) $\begin{cases} 3x + y = 5 \\ 2x + y = 4 \end{cases}$

(3) $\begin{cases} 5a - 3b = 9 \\ 5a - 4b = 7 \end{cases}$

>>> 핵심급소 / 먼저 식을 간단하게 정리한 뒤에 가감법이나 대입법을 한다.

 **기본개념**

(1) 괄호가 있는 연립방정식의 풀이

먼저 괄호를 풀어 정리한 후, 가감법이나 대입법을 이용한다.

(2) 계수가 분수나 소수인 연립방정식의 풀이

양변에 적당한 수를 곱하여 계수를 정수로 바꾼 후, 가감법이나 대입법을 이용한다.

 **보너스개념**

계수가 분수인 경우에는 분모의 최소공배수를, 계수가 소수인 경우에는 10, 100, 1000, … 을 곱하여 정수로 고친다.

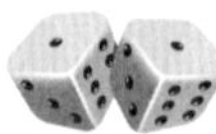 **필수예제**

다음 연립방정식 $\begin{cases} 0.2x + 0.3y = 1.2 \\ \dfrac{1}{2}x + \dfrac{2}{3}y = \dfrac{5}{6} \end{cases}$ 와 같은 해를 갖는 식은?

① $\begin{cases} 2x + 3y = 12 \\ 3x + 2y = 5 \end{cases}$ ② $\begin{cases} 3x + 2y = 12 \\ 3x + 2y = 5 \end{cases}$ ③ $\begin{cases} 2x + 3y = 12 \\ 3x + 4y = 5 \end{cases}$

④ $\begin{cases} 3x + 4y = 12 \\ 2x + 3y = 5 \end{cases}$ ⑤ $\begin{cases} 2x + 3y = 12 \\ x + y = 5 \end{cases}$

✎ 포인트 / 계수가 소수 또는 분수인 경우이므로 양변에 알맞은 수를 곱하여 계수를 정수로 고친다.

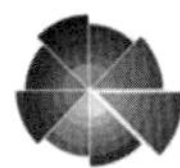 **확인유제 01**

연립방정식 $\begin{cases} 0.3x + 0.4y = 1.7 \\ \dfrac{2}{3}x + \dfrac{1}{2}y = 3 \end{cases}$ 을 풀면?

① $x = 3,\ y = 2$ ② $x = 3,\ y = 3$ ③ $x = 3,\ y = -1$

④ $x = 1,\ y = 2$ ⑤ $x = 4,\ y = 2$

✎ 포인트 / 연립방정식의 계수가 소수이면 양변에 10, 100, 1000, …의 거듭제곱을 곱하고, 분수이면 양변에 분모의 최소공배수를 곱하여 계수가 정수인 방정식으로 만든다.

>>> 핵심급소 / $A = B = C$꼴의 연립방방정식을 풀 때, 되도록 간단히 식을 두 번 사용하는 것이 좋다.

 **기본개념**

$A = B = C$인 경우 다음 세 가지 모두 그 해가 같으므로 연립방정식 중 어느 하나를 선택하여 푼다.

$$\begin{cases} A = B \\ A = C \end{cases} \qquad \begin{cases} A = B \\ B = C \end{cases} \qquad \begin{cases} A = C \\ B = C \end{cases}$$

 **보너스개념**

$A = B = C$ 인 꼴에서 C 가 가장 간단한 식이라면 $\begin{cases} A = C \\ B = C \end{cases}$ 로 푸는 것이 좋다.

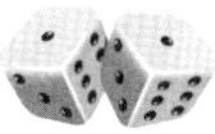 **필수예제**

연립방정식 $2x + 3y + 8 = 4x + 7y = 10$의 해는?

① $x = -8,\ y = 6$ ② $x = 8,\ y = 6$ ③ $x = -8,\ y = -6$

④ $x = 8,\ y = -6$ ⑤ $x = -6,\ y = 8$

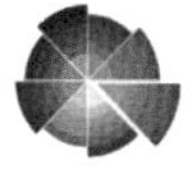 **확인유제 01**

연립방정식 $x - 2y = 4x + y = x - y$의 해는 다음의 세 가지 방법 중 한 가지를 선택하여 풀면 된다.
[　]안에 알맞은 식을 써 넣어라.

$(1) \begin{cases} x - 2y = 4x + y \\ 4x + y = [\qquad] \end{cases}$ $(2) \begin{cases} x - 2y = x - y \\ [\qquad] = x - y \end{cases}$ $(3) \begin{cases} x - 2y = 4x + y \\ x - 2y = [\qquad] \end{cases}$

✎포인트 / $A = B = C$ 꼴에서 C가 가장 간단한 식이면 $A = C,\ B = C$로 푼다.

>>> 핵심급소 / 두 식이 같으면 해가 무수히 많고 미지수의 계수가 같고, 상수만 다를 때는 해가 없다.

 **기본개념**

(1) 일반적으로 연립방정식의 해는 1개이나 해가 무수히 많거나 없는 경우도 있다.

(2) x, y에 관한 연립방정식 $\begin{cases} ax + by + c = 0 \\ a'x + b'y + c' = 0 \end{cases}$ 을 가감법으로 풀었을 때,

① $0=0$ 의 꼴이 나오면 해가 무수히 많다.

② $0=(0$이 아닌 수$)$의 꼴이 나오면 해가 없다.

 **보너스개념**

연립방정식 $\begin{cases} ax+by+c=0 \\ a'x+b'y+c'=0 \end{cases}$ ① $\dfrac{a}{a'} = \dfrac{b}{b'} = \dfrac{c}{c'}$ (해가 무수히 많다) ② $\dfrac{a}{a'} = \dfrac{b}{b'} \neq \dfrac{c}{c'}$ (해가 없다.)

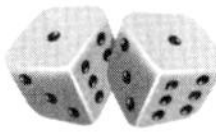 **필수예제**

연립방정식 $\begin{cases} 2x + 3y = b \\ 6x + ay = 3 \end{cases}$ 의 해가 무수히 많을 때, $a-b$의 값은?

① 4 ② 5 ③ 6 ④ 7 ⑤ 8

✏️ 포인트 / 두 연립방정식을 풀어 $0x+0y=0$의 꼴이면 해가 무수히 많다

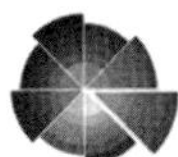 **확인유제 01**

연립방정식 $\begin{cases} x - 5y = 3 \\ 3x - ay = b \end{cases}$ 의 해가 없을 때, a, b의 값을 구하여라.

✏️ 포인트 / x의 계수, y의 계수, 상수항이 모두 같은 연립방정식의 해는 무수히 많다.

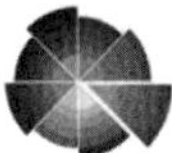 **확인유제 02**

연립방정식 $\begin{cases} x + 2y = 5 \\ 3x + 6y = 7 \end{cases}$ 을 풀어라.

✏️ 포인트 / 두 방정식을 변끼리 빼서 $0=(0$이 아닌 수$)$ 꼴이면 해는 없다.

>>> 핵심급소 / 횟수, 개수, 나이의 문제의 미지수는 자연수의 값이고, 거리의 문제에서는 양수의 값임에 유의한다.

기본개념

(1) 연립방정식의 활용 문제 풀이 순서

① 무엇이 미지수 x, y로 나타낼 것인지를 정한다.

② x, y 를 써서 문제의 뜻에 맞는 연립방정식을 세운다.

③ 이 연립방정식을 풀어 x, y의 값을 구한다.

④ 구한 x, y 의 값이 문제의 뜻에 맞는지 확인한다.

(2) 속력 거리, 시간에 대한 응용

① (속력)=$\dfrac{(거리)}{(시간)}$ ② (시간)=$\dfrac{(거리)}{(속력)}$ ③ (거리)=(속력)×(시간)

보너스개념

속력, 시간, 거리는 단위를 맞추어 계산하는 것에 유의한다.

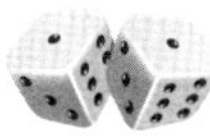

필수예제

3년 전 아버지의 나이는 혜빈이의 나이의 4배였는데 2년 후에는 아버지의 나이가 혜빈이의 나이의 3배가 된다고 한다. 금년의 아버지의 나이와 혜빈이의 나이를 각각 구하여라.

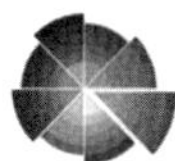

확인유제 01

집에서 도서관까지의 거리는 6km이다. 진이가 집을 나와 시속 2km로 걷다가 도중에 시속 4km로 뛰었더니 도서관까지 2시간이 걸렸다. 걸어간 거리와 뛰어간 거리를 각각 구하여라.

✎ 포인트 / (시간)=$\dfrac{(거리)}{(속력)}$

>>> 핵심급소 / 소금물에 물을 붓거나 증발시켜도 녹아 있는 소금의 양은 변함이 없다.

 **기본개념**

농도에 대한 응용 : 혼합 전후의 소금의 양, 소금물의 양 등의 관계를 파악하여 다음 공식을 이용하여 방정식을 세운다.

① 소금물의 농도$(\%)=\dfrac{(소금의 양)}{(소금물의 양)}\times 100\,(\%)$

② 소금의 양 $=(소금물의 양)\times\dfrac{(소금물의 농도)}{100}$

 **보너스개념**

농도가 7 %인 소금물 xg에 들어 있는 소금의 양은 $\dfrac{7}{100}\times x$(g)이다.

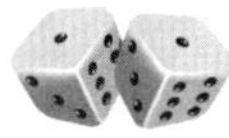 **필수예제**

8%의 소금물과 14%의 소금물을 섞어서 10%의 소금물 600g을 만들었다. 8%의 소금물과 14%의 소금물을 각각 몇 g씩 섞었는지 구하여라.

✐포인트 / (소금의 양) = (농도) ×(소금물의양)

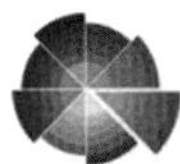 **확인유제 01**

6%의 소금물과 2%의 소금물을 섞어서 5%의 소금물 300g을 만들려고 한다. 차례로 몇 g씩 섞으면 되는가?

① 210g, 90g ② 215g, 85g ③ 220g, 80g
④ 225g, 75g ⑤ 230g, 70g

✐포인트 / 소금물에 물을 붓거나 증발시켜도 소금의 양은 변함이 없다는 사실을 이용 하여 방정식을 세운다.

 **개념다지기 문제**

01 연립방정식 $\begin{cases} 2ax - y = 4 \\ ax + 2by = 1 \end{cases}$ 의 해가 $x = 1$, $y = 2$일 때, a, b의 값은?

  ① $a = 2$, $b = -\dfrac{1}{3}$ ② $a = 2$, $b = \dfrac{1}{3}$ ③ $a = 3$, $b = -\dfrac{1}{2}$

  ④ $a = 3$, $b = \dfrac{1}{2}$ ⑤ $a = 5$, $b = -\dfrac{1}{2}$

  ✎ 포인트 / [대입법] 주어진 연립방정식에 $x = 1$, $y = 2$를 대입하여 a, b에 대한 방정식으로 고친 후 a, b의 값을 구한다.

02 연립방정식 $\begin{cases} x + 2y = 4 - a \\ 4x + y = -5a \end{cases}$ 를 만족하는 y의 값이 x의 값의 3배라고 할 때, a의 값은?

  ① -2 ② -1 ③ 0 ④ 1 ⑤ 2

  ✎ 포인트 / [대입법] y를 소거하면, x, a에 대한 연립방정식이 된다.

03 연립방정식 $\begin{cases} -x + 2y = 2 \cdots\cdots ㉠ \\ 2x - y = 1 \cdots\cdots ㉡ \end{cases}$ 에서 y를 소거하는 식으로 알맞은 것은?

  ① ㉠$-$㉡$\times 2$ ② ㉠$\times 2 +$㉡   ③ ㉠$\times 2 -$㉡

  ④ ㉠$+$㉡$\times 2$ ⑤ $(㉠ + ㉡) \times 2$

04 x, y에 대한 연립방정식 $\begin{cases} ax + by = -1 \\ bx - 1y = 8 \end{cases}$ 의 해가 $(3, -2)$일 때, ab의 값을 구하여라.

✏️ 포인트 / [가감법] 주어진 연립방정식에 x, y의 값을 대입하면 a, b에 대한 연립방정식이 된다.

05 연립방정식 $\begin{cases} \dfrac{x}{3} = \dfrac{y+2}{5} \\ 0.1x - 0.2y = 1.1 \end{cases}$ 을 풀면?

① $x = -3, y = -7$ ② $x = -1, y = -5$ ③ $x = 1, y = -5$
④ $x = 3, y = -4$ ⑤ $x = 5, y = 7$

✏️ 포인트 / [계수가 분수 또는 소수인 연립방정식] 계수가 분수나 소수일 때는 적당한 수를 곱하여 정수로 바꾼다.

06 연립방정식 $\begin{cases} x + y = 8 \\ y + z = 6 \\ z + x = 4 \end{cases}$ 를 풀어라.

✏️ 포인트 / [여러 가지 연립방정식의 풀이] 미지수가 3 개인 연립방정식은 미지수 3개 중 한 미지수를 소거하여 미지수가 2개인 연립방정식을 만들어서 푼다.

07 연립방정식 $\begin{cases} x + 3y = 2 \\ ax + 6y = 3 \end{cases}$ 의 해가 없을 때, a의 값을 구하여라.

✏️ 포인트 / [특수한 해를 가지는 연립방정식] 연립방정식 $\begin{cases} ax + by = c \\ a'x + b'y = c' \end{cases}$ 이 해가 없을 때는 $\dfrac{a'}{a} = \dfrac{b'}{b} \neq \dfrac{c'}{c}$

08 4%의 소금물과 7%의 소금물을 섞어서 5%의 소금물 300g을 만들었다. 이때, 4% 와 7%의 소금물을 각각 몇 g씩 섞었는가?

① 100g, 200g   ② 140g, 160g   ③ 150g, 150g

④ 160g,140g   ⑤ 200g, 100g

09 작은 배로 5km의 강을 거슬러 올라가는데 1시간, 같은 거리를 내려가는데 30분이 걸렸다. 정지하고 있는 물에서의 배의 속력과 흐르는 강물의 속력을 각각 구하여라.

10 A 중학교 수학 경시 대회에 1학년 20명, 2학년 30명, 3학년 50명이 응시하였다. 각 학년의 평균 점수는 2학년이 1학년보다 10점 높고, 3학년은 2학년 보다는 20점 높으며 1학년의 2배이었다. 이 때, 응시자 전체의 평균 점수는?

① 38 점   ② 42 점   ③ 48 점

④ 50 점   ⑤ 60 점

Ⅳ.
부등식

01 부등식과 그 해

>>> 핵심급소 / 부등식 '≤'는 '< 또는 ='를 의미한다.

기본개념

(1) 부등식 : 두 수 또는 두 식의 대소 관계를 부등호를 사용하여 나타낸 것
(2) 부등식의 해 : 부등식을 참이 되게 하는 미지수의 값
(3) 부등식을 푼다 : 부등식의 해를 모두 구하는 것.

보너스개념

부등식에서 좌변과 우변의 값이 대소 관계가 주어진 부등호의 방향과 일치할 때, 그 부등식을 참이라고 한다.

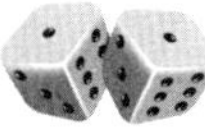
필수예제

다음 〈보기〉 중 $x = 2$일 때, 참이 되는 부등식을 모두 골라라.

보기
ㄱ. $x + 1 < 0$ ㄴ. $3x - 5 > 0$ ㄷ. $-2x < 4$

ㄹ. $\dfrac{x}{2} - 5 \geq x - 1$ ㅁ. $2x - 5 \geq x$

 포인트 / $x = 2$ 를 부등식에 대입하여 확인한다.

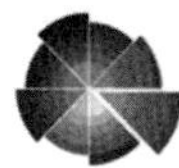
확인유제 01

x가 집합 $\{-2, \ -1, \ 0, \ 1\}$의 원소일 때, 부등식 $3x - 1 \leq -4$를 풀어라.

 포인트 / $x = 2, \ -1, 0, 1$을 차례로 부등식에 대입하여 확인한다.

>>> 핵심급소 / 양변에 음수를 곱하거나 양변을 음수로 나눌 때에는 부등호 방향이 바뀐다.

기본개념

부등식의 성질은 등식의 성질과 같다. 단, 음수를 양변에 곱하거나 나눌 때 부등호의 방향이 바뀐다.

(1) 부등식의 양변에 같은 수를 더하거나 빼어도 부등식은 성립한다.

$$a < b \text{이면} \quad a+c < b+c, \quad a-c < b-c$$

(2) 부등식의 양변에 같은 수를 곱하거나 나누어도 부등식은 성립한다.
(단, 음수를 양변에 곱하거나 나눌 때 부등호의 방향이 바뀐다.)

$$a < b, \ c > 0 \text{이면} \quad ac < bc, \quad \frac{a}{c} < \frac{b}{c}$$

$$a < b, \ c < 0 \text{이면} \quad ac > bc, \quad \frac{a}{c} > \frac{b}{c}$$

보너스개념

① 부등식의 양변에 0을 곱하면 양변은 같아진다. $a < b, \ c = 0$이면 $ac = bc$
② 음수를 곱하면 큰 수가 더 작아진다. 따라서, 부등호의 방향이 바뀐다.

필수예제

$a \geq b$일 때, 다음 중 옳지 않은 것을 모두 고르면?

① $a+2 \geq b+2$ 　　② $a-3 \geq b-3$ 　　③ $3a \geq 3b$

④ $-4a \geq -4b$ 　　⑤ $-\dfrac{a}{2} \geq -\dfrac{b}{2}$

✎포인트 / 부등식의 양변에 음수를 곱하거나 나누면 부등호가 바뀐다.

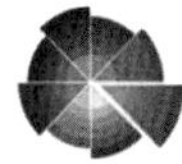

확인유제 01

$a < b$일 때, 다음 □ 안에 알맞은 부등호를 써 넣어라.

(1) $a-5$ □ $b-5$ 　　(2) $2a+1$ □ $2b+1$

(3) $-a+1$ □ $-b+1$ 　　(4) $\dfrac{a}{3}-2$ □ $\dfrac{b}{3}-2$

>>> 핵심급소 / 부등식의 해를 수직선 위에 나타낼 때, •는 그 점이 해에 포함되는 경우이고 ○는 그 점이 해에 포함되지 않는 경우이다.

 **기본개념**

(1) 부등식의 풀이 : 부등식의 성질을 이용하여 주어진 부등식을
$x > (수)$, $x \geq (수)$, $x < (수)$, $x \leq (수)$의 어느 하나로 고쳐서 해를 구한다.

(2) 부등식의 해를 수직선 위에 나타내는 방법

$$x > a \qquad x \geq a \qquad x < a \qquad x \leq a$$

(3) 이항 : 부등식에서도 등식의 경우와 마찬가지로 부등식의 한 변에 있는 항을 부호를 바꾸어 다른 변으로 옮기는 것을 이항이라고 한다.

 **보너스개념**

해가 $x < a$인 부등식의 해의 집합 $\Leftrightarrow \{x \mid x < a\}$ 해가 $x \geq a$인 부등식의 해의 집합 $\Leftrightarrow \{x / x \geq a\}$

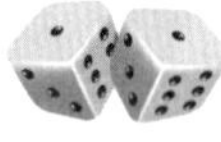 **필수예제**

부등식의 성질을 이용하여 $-\dfrac{5}{3}x \geq 5$ 를 풀고, 그 해를 수직선 위에 나타내어라.

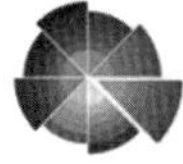 **확인유제 01**

부등식의 성질을 이용하여 다음 부등식을 풀어라.

(1) $x - 2 < 1$

(2) $\dfrac{1}{4}x \leq -1$

(3) $3x \geq -6$

(4) $-\dfrac{5}{3}x \geq 5$

04 일차부등식과 그 풀이

기본개념

(1) 일차부등식 : 이항하여 정리한 부등식이 다음 어느 한 가지의 꼴이 되는 부등식

(일차식) > 0, (일차식) < 0, (일차식) ≥ 0, (일차식) ≤ 0

(2) 일차부등식의 풀이

① x를 포함한 항은 좌변으로, 상수항은 우변으로 이항한다.

② 양변을 정리하여 $ax > b$, $ax < b$, $ax \geq b$, $ax \leq b$ (단, $a \neq 0$)의 꼴로 만든다.

③ 양변을 x의 계수로 나눈다. 이 때, $a < 0$이면 부등호의 방향은 바뀐다.

보너스개념

복잡한 일차부등식의 풀이
① 괄호가 있을 때 : 먼저 괄호를 풀어 간단히 한 다음 푼다.
② 계수가 분수일 때 : 부등식의 양변에 분모의 최소공배수를 곱하여 계수를 정수로 바꾼 다음 푼다.
③ 계수가 소수일 때 : 부등식의 양변에 10, 100, 1000⋯의 10의 거듭제곱을 곱하여 계수를 정수로 바꾼다음 푼다.

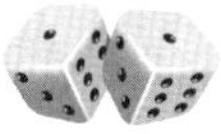

필수예제

다음 부등식을 풀어라.

(1) $5x + 6 > 2x - 6$

(2) $3x + 2(x - 1) \geq 6$

(3) $0.2x - 1 > 0.1x + 0.5$

(4) $\dfrac{2}{3}x + \dfrac{1}{6} \geq \dfrac{x}{2} - \dfrac{2}{3}$

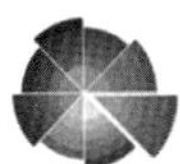

확인유제 01

다음 일차부등식을 풀어라.

(1) $4x + 2(3 - x) < 0$

(2) $4(x + 1) \leq 3(6 - x)$

(3) $\dfrac{1}{3}x + \dfrac{3}{2} \geq \dfrac{5}{6}x$

01 x가 집합 {3, 4, 5}의 원소일 때, 부등식 $6 - x > 1$을 풀면?

① $x = 3, 4, 5$ ② $x = 3, 5$ ③ $x < 5$ ④ $x > 5$ ⑤ $x = 3, 4$

✎포인트 / [부등식과 그 해] 집합의 각 원소를 주어진 부등식에 대입하여 참, 거짓을 확인한다.

02 x가 집합 {−2, −1, 0, 1, 2}의 원소일 때 부등식 $-3x + 4 \leq -2$의 해집합은?

① $\{x \mid x \geq 2\}$ ② $\{x \mid x \leq 2\}$ ③ $\{x \mid x \geq -2\}$
④ $\{2\}$ ⑤ $\{-2, -1, 0, 1, 2\}$

✎포인트 / [부등식과 그 해] 집합의 각 원소를 주어진 부등식에 차례로 대입하여 참, 거짓을 확인한다.

03 $a < b$일 때, 다음 중 옳은 것은?

① $-2a < -2b$ ② $a - 1 > b - 1$ ③ $\dfrac{1}{5}a - 3 < \dfrac{1}{5}b - 3$

④ $\dfrac{a}{3} > \dfrac{b}{3}$ ⑤ $-5a + 2 < -5b + 2$

04 $a > b > 0, c > d > 0$일 때, 다음 중 옳은 것은?

① $ab > bd$ ② $a + c < a + d$ ③ $b - c > b - d$
④ $ac < bd$ ⑤ $a + c > b + c$

✎포인트 / [부등식의 성질] 부등식의 성질을 이용하여 문제를 해결한다.

05 부등식 $4x + 11 \leq 3$ 의 해를 수직선 위에 나타내어라.

✎포인트 / 부등식의 풀이와 이항

06 일차부등식 $2x-5>4x+3$을 풀면?

① $x<-4$　　② $x>-4$　　③ $x<1$　　④ $x>-1$　　⑤ $x>1$

07 $a<0$일 때, x에 관한 부등식 $ax\leq-1$을 풀면?

① $x\geq-\dfrac{1}{a}$　　② $x\leq-\dfrac{1}{a}$　　③ $x\geq\dfrac{1}{a}$　　④ $x\leq\dfrac{1}{a}$　　⑤ $x\geq-a$

08 집합 $A=\{x\,|\,2(x+3)>5x-9,\ x$는 자연수$\}$일 때, $n(A)$의 값은?
(단, $n(S)$는 집합 S의 원소의 개수이다.)

① 1　　② 2　　③ 3　　④ 4　　⑤ 5

09 일차부등식 $0.5(1-x)\geq0.25x-1$을 만족하는 x의 값 중 가장 작은 자연수는?

① 1　　② 2　　③ 3　　④ 4　　⑤ 5

10 부등식 $ax-6>5x+10$의 해가 $x>8$일 때, a의 값을 구하여라.

11 다음 중 부등식 $5(x+1)\leq3x+5$의 해가 아닌 것은?

① $\dfrac{1}{3}$　　② 0　　③ $-\dfrac{1}{3}$　　④ $-\dfrac{1}{2}$　　⑤ $-\dfrac{2}{3}$

01 연립부등식

>>> 핵심급소 / 연립부등식의 해는 각 부등식의 해의 공통부분이다.

기본개념

(1) 연립부등식 : 두 개 이상의 부등식을 한 쌍으로 나타낸 것
(2) 연립부등식의 해 : 연립부등식을 이루는 각각의 부등식을 동시에 만족시키는 미지수의 값
(3) 연립부등식을 푼다 : 연립부등식의 해를 구하는 것

보너스개념

연립부등식 $\begin{cases} ax+b>0 \ \cdots \ ㉠ \\ a'x+b'>0 \cdots ㉡ \end{cases}$ 의 해집합은 부등식 ㉠의 해의 집합과 부등식 ㉡의 해의 집합의 교집합이다.

필수예제

두 집합 $A=\{x\,|\,x+1<3\}$, $B=\{x\,|\,x-3>2\}$일 때, 연립부등식 $\begin{cases} x+1<3 \\ x-3>2 \end{cases}$ 의 해집합은?

① $A\cup B$ ② $A\cap B$ ③ $A-B$ ④ $(A\cup B)^c$ ⑤ $A\cap B^c$

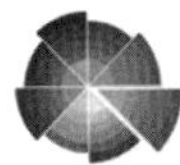
확인유제 01

연립부등식 $\begin{cases} x \leq 2 \\ x \geq 2 \end{cases}$ 의 해를 수직선위에 나타내어라.

✎ 포인트 / 연립부등식 $\begin{cases} x \geq a \\ x \leq a \end{cases}$ 의 해는 $x=a$이다.

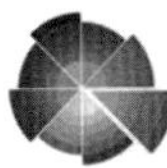
확인유제 02

오른쪽 수직선에서 어두운 부분을 A라 할 때, A의 값의 범위를 부등식으로 나타내어라.

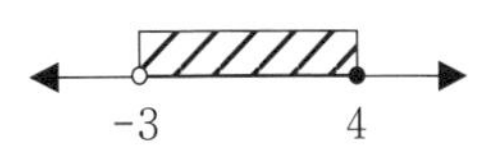

>>>> 핵심급소 / 연립부등식의 해는 각각의 부등식의 해를 수직선에 나타내어 그 공통 부분을 찾는다.

 **기본개념**

연립부등식의 풀이 순서

① 각각의 부등식을 푼다.

② 각 부등식의 해를 한 수직선 위에 나타낸다.

③ ②에서 공통 부분을 찾아 미지수의 값의 범위로 나타낸다.

 **보너스개념**

연립부등식에서 두 부등식의 공통부분이 없는 경우 연립부등식의 해가 없다.

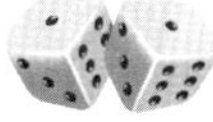 **필수예제**

다음 연립부등식의 해를 구하여라.

(1) $\begin{cases} x + 2 < 5 \\ 3x > -3 \end{cases}$
(2) $\begin{cases} -x + 1 \le 2 \\ 2x < 4 \end{cases}$

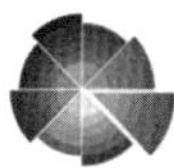 **확인유제 01**

다음 연립부등식의 해를 구하여라.

(1) $\begin{cases} 4x - 3 > 9 \\ -2x + 1 \ge -1 \end{cases}$
(2) $\begin{cases} x + 3 \le 5 \\ 4x - 11 > 5 \end{cases}$

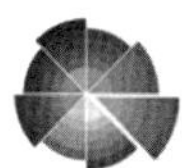 **확인유제 02**

연립부등식 $\begin{cases} 5 - 3x > 8 \\ 2x + 3 \le -5 \end{cases}$ 를 풀어라.

✏ 포인트 / 연립부등식의 각 부등식을 풀어 공통부분을 찾는다.

>>> 핵심급소 / 핵심요소/ $A < B < C$ 반드시 $A < B, B < C$로만 풀어야 한다.

 **기본개념**

(1) $A < B < C$ 꼴의 부등식

연립부등식 $\begin{cases} A < B \\ B < C \end{cases}$ 의 꼴로 바꾸어 푼다.

(2) 세 부등식으로 된 연립부등식

세 개의 부등식을 모두 만족시키는 미지수의 값이 부등식의 해가 된다

 **보너스개념**

$A = B = C$ 꼴의 방정식은 $\begin{cases} A = B \\ A = C \end{cases}, \begin{cases} A = B \\ B = C \end{cases}, \begin{cases} A = C \\ B = C \end{cases}$ 중 어느 것을 풀어도 상관없지만

$A < B < C$ 꼴의 부등식은 반드시 $\begin{cases} A < B \\ B < C \end{cases}$ 꼴로 만들어서 풀어야 한다.

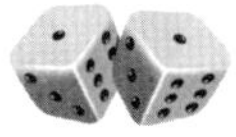 **필수예제**

연립부등식 $2x - 1 < 3 < x + 4$를 풀어라.

 **확인유제 01**

연립부등식 $-2 < 3x + 4 < 1$을 풀어라.

✎ 포인트 / $A < B < C$ 이면 $\begin{cases} A < B \\ B < C \end{cases}$

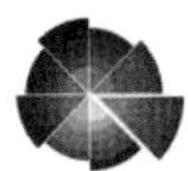 **확인유제 02**

연립부등식을 풀어라.

(1) $1 \leq x + 1 \leq 3$ 　　　　　　　(2) $-2 < 3x - 5 \leq 1$

>>>> 핵심급소 / 해의 존재 여부에 따라 미지수의 범위가 결정된다.

기본개념

(1) $\begin{cases} x \le a \\ x > b \end{cases}$ 일 때,

① 해가 존재할 조건 : $a > b$

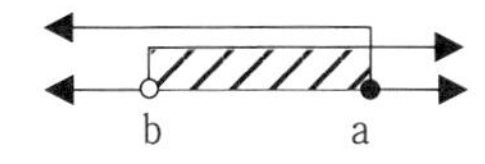

② 해가 없을 조건 : $a \le b$

(2) $\begin{cases} x \le a \\ x \ge b \end{cases}$ 일 때,

① 해가 존재할 조건 : $a \ge b$

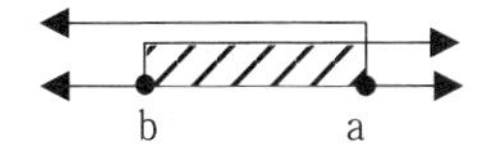

② 해가 없을 조건 : $a < b$

보너스개념

연립부등식 해가 없도록 수직선 위의 공통 부분을 조절할 때는 특히 경계점에 유의한다.

필수예제

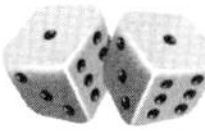

연립부등식 $\begin{cases} 3x - 8 < 5x + 2 \\ 2x - 3 \le x + a \end{cases}$ 의 해가 없을 때, a의 값의 범위는?

① $a \le -4$　　② $a < -4$　　③ $a > 5$　　④ $a \le -8$　　⑤ $a < -8$

포인트 / 해가 없도록 a의 값을 정할 때, 양 경계값이 포함되는지 주의 한다.

확인유제 01

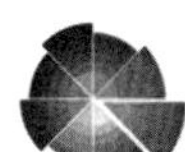

부등식 $2x - 3 < 5$의 해가 x에 관한 부등식 $3x < a$의 해에 포함될 때, a의 값의 범위는?

① $a < 4$　　② $a < 12$　　③ $a \le 12$　　④ $a \ge 12$　　⑤ $a > 12$

포인트 / 부등식의 해를 수직선 위에 나타내어 본다.

>>> 핵심급소 / 부등식을 세울 때는 '이상, 이하, 초과, 미만'등의 용어와 등호, 부등호의 사용 여부를 주의한다.

기본개념

일차부등식의 활용 문제를 푸는 순서
① 문제의 뜻을 파악하고, 무엇을 미지수로 놓을지 정한다.
② 문제의 뜻에 따라 부등식을 세운다.
③ 부등식을 푼다.
④ 구한 해가 문제의 뜻에 맞는지 확인한다.

보너스개념

(거리)=(속력)×시간, (소금물의 농도)=$\dfrac{(소금의 양)}{(소금물의 양)}×100(\%)$

필수예제

올라갈 때는 시속 3km로 내려올 때는 4km로 걸어서 1시간 이내에 등산을 하려고 한다. 올라갈 수 있는 최대 거리를 구하여라.

포인트 / $(시간)=\dfrac{(거리)}{(속력)}$

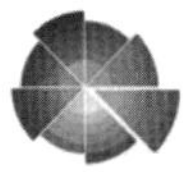

확인유제 01

어떤 자연수를 3배하여 2를 빼면 4보다 작다고 한다. 이 자연수를 구하여라.

포인트 / 자연수는 양의정수로 1,2,3,4, …이다.

확인유제 02

석우는 세 번의 영어 시험에서 각각 83점, 93점, 91점을 얻었다. 네 번째 시험까지 합해서 평균 점수가 90점 이상이 되려면 네 번째 시험은 몇 점 이상을 얻어야 하는지 구하여라.

>>> 핵심급소 / 소금물에 물을 붓거나 증발시켜도 녹아 있는 소금의 양은 변함이 없다.

기본개념

연립부등식 이용하여 활용 문제를 푸는 순서
① 문제의 뜻을 파악하고, 무엇을 미지수로 놓을지 정한다.
② 문제의 뜻에 따라 연립부등식을 세운다.
③ 연립부등식을 푼다.
④ 구한 해가 문제의 뜻에 맞는지 확인한다.

보너스개념

$$(거리)=(속력)\times 시간, \quad (소금물의 \ 농도)=\frac{(소금의 양)}{(소금물의 양)}\times 100(\%)$$

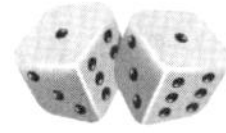

필수예제

어떤 자연수 x의 2배에 3을 더한 수는 5이상 7이하라고 한다. 이 때, 자연수 x를 모두 구하여라.

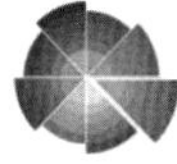

확인유제 01

연속하는 세 자연수의 합이 9보다 크고 15보다 작다고 할 때, 이 세 자연수를 구하여라.

포인트 / 연속하는 세 정수 : $n-1, n, n+1$

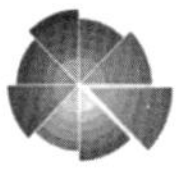

확인유제 02

세 변의 길이가 각각 $x-2$, x, $x+3$인 삼각형에서 x의 값의 범위는?
① $x<1$ ② $x>5$ ③ $x>7$ ④ $x<8$ ⑤ $x<10$

포인트 / 삼각형의 두 변의 길이의 합은 나머지 한변의 길이보다 크다.

개념다지기 문제

01 일차부등식 $-3x+2 > 2x-5$와 $3-x < 3x+11$의 해집합을 각각 A, B 라고 할 때, 다음 중 옳은 것은? (단 U 는 수 전체의 집합)

① $A \cap B = \varnothing$ ② $A \cup B = U$ ③ $A - B = A$

④ $A \subset B$ ⑤ $B \subset A$

✏️ 포인트 / [연립부등식] 해집합을 수직선 위에 나타내어 알아본다.

02 연립부등식 $\begin{cases} 3x - 2 > 2x - 3 \\ -2x + 1 > -3 - x \end{cases}$ 를 풀어라.

03 연립부등식 $\begin{cases} \dfrac{5}{6}x - \dfrac{1}{2} \leq \dfrac{x}{3} + 1 \\ 3(1-x) < x + 11 \end{cases}$ 을 풀어라.

✏️ 포인트 / [연립부등식의 풀이] 개수가 분수이면 부등식의 양변에 분모의 최소공배수를 곱해 정수로 바꾼 다음 푼다.

04 부등식 $-2x+3 \leq x+6 \leq 2x+18$을 만족하는 x의 값의 범위는?

① $-4 < x \leq 1$ ② $x \geq -1$

③ $-1 < x \leq 4$ ④ $x \leq 4$ 또는 $x \geq 1$

⑤ $x \leq -1$ 또는 $x > 4$

05 연립부등식 $\begin{cases} 4x + 5 \leq 3x + 2 \\ x + 1 \geq a \end{cases}$ 가 해를 갖기 위한 a의 값 중 가장 큰 정수는?

① -6 ② -5 ③ -2 ④ 2 ⑤ 3

✏️ 포인트 / [해가 있는 경우] $\begin{cases} x \geq a \\ x \leq b \end{cases}$ 가 해를 갖기 위한 조건은 $a \leq b$이다.

06 연립부등식 $\begin{cases} \dfrac{10 - x}{4} \leq a \\ 6x - 5 \leq 2x + 3 \end{cases}$ 의 해집합이 $\varnothing$ 이 되기 위한 a의 값의 범위를 구하여라.

✏️ 포인트 / [미지수의 범위 정하기] $x \leq a$, $x \geq b$의 해가 없을 조건은 $a < b$

07 연립부등식 $\begin{cases} 10 - x \le 4a \\ 6x - 3 \le 2x + 3 \end{cases}$ 이 해를 가지기 위한 정수 a의 최솟값은?

① 1   ② 3   ③ 5   ④ 7   ⑤ 9

포인트 / [미지수의 범위 정하기] 연립부등식이 해를 가지기 위해 서는 각각의 공통 부분이 있어야 한다.

08 오른쪽 그림과 같은 사다리꼴이 있다. 이사다리꼴의 넓이를 $40cm^2$이하로 하려고 한다.
아랫변의 길이가 가장 길 때의 x의 값은?

① 12cm   ② 14cm   ③ 16cm

④ 18cm   ⑤ 20cm

09 석훈이는 30,000원, 영우는 10,000원이 현재까지 예금되어 있다. 지금부터 석훈이는 매월 3,000원, 영우는 매월 2,000원씩 예금을 한다면 석훈이의 예금액이 영우의 예금액의 2배보다 적어지는 것은 지금부터 몇 개월 후인가?

① 8개월   ② 9개월   ③ 10개월   ④ 11개월   ⑤ 12개월

포인트 / [일차부등식의 활용] 지금부터 x개월동안 예금한다고 놓고 부등식을 세워 푼다.

10 연속한 두 자연수의 합이 95보다 크고 103보다 작을 때, 이 두 자연수를 구하여라.

포인트 / [연립부등식의 활용] 연속하는 두 자연수는 x, $x+1$로 놓는다.

11 연속한 세 개의 홀수가 있다. 그 세수의 합은 25보다 크고 33보다 작다. 이 세 홀수를 크기 순서대로 놓을 때, 가운데 오는 수는?

① 1   ② 3   ③ 5   ④ 7   ⑤ 9

포인트 / [연립부등식 활용] 연속한 세 개의 홀수를 x, $x+2$, $x+4$로 놓고 부등식을 세운다.

여러가지 부등식의 활용문제

01 기차가 출발하기 전까지 1시간의 여유가 있어서, 이 시간 동안 상점에서 물건을 사오려고 한다. 물건을 사는 데는 10분이 걸리고 시속 4km를 걷는다면 역에서 몇 km이내의 상점을 이용하면 되겠는가?

① $\dfrac{1}{3}km$ ② $\dfrac{2}{3}km$ ③ $1km$ ④ $\dfrac{4}{3}km$ ⑤ $\dfrac{5}{3}km$

02 땡님중학교 학생들을 긴 의자에 앉히려고 한다. 한 의자에 3명씩 앉히면 7명이 앉지 못하고, 6명씩 앉히면 빈 의자가 2개 남는다고 한다. 긴 의자의 개수를 모두 구하면, 그 합은 얼마인가?

① 11 ② 12 ③ 13 ④ 14 ⑤ 15

03 수련회에 가서 숙박을 하려는데 한 방에 4명씩 배정하면 12명이 남고 5명씩 배정하면 방이 5개가 남는다. 방의 개수로 적당하지 않은 것은?

① 40개 ② 39개 ③ 38개 ④ 37개 ⑤ 36개

04 상자에 참외를 담는데, 한 상자에 4개씩 담으면 참외가 5개가 남고, 5개씩 담으면 마지막 상자는 1개 이상의 참외가 들어있고 빈 상자가 1개가 남는다. 모든 조건을 만족하는 가능한 참외의 개수의 합을 구하면? (단, 상자의 개수는 홀수이다.)

① 94 ② 102 ③ 106 ④ 110 ⑤ 118

05 어느 놀이공원의 입장료는 40명이상일 때 10%, 80명이상일 때는 20%를 할인해 준다고 한다. 다음 중 40명 이상 80명 미만인 단체는 몇 명이상일 때 80명의 입장권을 사는 것이 유리한가?

① 68　　　　　② 69　　　　　③ 70　　　　　④ 71　　　　　⑤ 72

06 12% 소금물 500g에 물을 증발시켜 20%이상의 소금물을 만들려고 한다. 이 때, 물을 얼마나 증발시켜야 하는가?

① 200g 이상　　　　② 200g 이하　　　　③ 200g 초과
④ 250g 이상　　　　⑤ 250g 이하

07 10%의 소금물 200g에 물을 더 넣어 5%이상 8%이하의 소금물을만들려고 한다. 이 때, 물을 얼마나 더 넣어야 하는가?

① 50g 이상 100g 이하　　　　② 50g 이상 200g 이하
③ 100g 이상 200g 이하　　　　④ 100g 이상 300g 이하
⑤ 200g 이상 300g 이하

08 5%의 소금물 100g이 있다. 여기에 8%의 소금물을 넣어 6%이상 7%이하의 소금물을 만들려고 한다. 다음 중 더 넣을 소금물의 양에 해당되지 않는 것은?

① 50g　　　　② 100g　　　　③ 150g　　　　④ 200g　　　　⑤ 250g

V.

일차함수

01 일차함수

>>> 핵심급소 / 정의역, 공역에 대한 특별한 조건이 없으면 정의역, 공역을 수 전체의 집합으로 생각한다.

 **기본개념**

일반적으로 수의 집합 X 와 Y 를 각각 정의역과 공역으로 하는 함수 $y = f(x)$에서 y가 x에 한 일차식 $y = ax + b\ (a \neq 0,\ a, b$는 상수$)$로 나타내어질 때, 이 함수 f를 일차함수라고 한다.

 **보너스개념**

함수 $y = f(x)$에서 x의 값이 정해지면 그에 따라 하나로 결정되는 y의 값을 함수값이라고 한다.

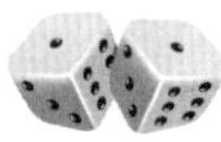 **필수예제**

다음 중 일차함수를 모두 찾아라.

㉠ $y = -4$ 　　　　㉡ $y = \dfrac{2}{x}$ 　　　　㉢ $y = -\dfrac{1}{3}x$

㉣ $y = -x + 5$ 　　　　㉤ $y = x(x-1)$ 　　　　㉥ $y = 6 - x$

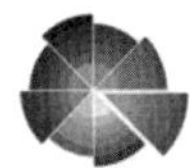 **확인유제 01**

함수 $y = x(ax - 3)b + bx - c$가 일차함수일 조건을 구하여라.

✏ 포인트 / 일차함수는 $y = ax + b\ (a \neq 0\ a, b$는 상수$)$

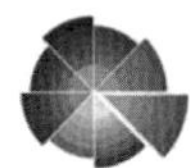 **확인유제 02**

일차함수 $f(x) = -3x + 2$일 때, $f(-1) - f(1)$의 값은?

① -3 　　　② -1 　　　③ 2 　　　④ 4 　　　⑤ 6

>>> 핵심급소 / $y = ax$의 그래프는 점(0, 0)을 지난다.

기본개념

일차함수 $y = ax$의 그래프
① 원점을 지나는 직선이다.
② $a > 0$이면 제 1, 3 사분면을 지나고, $a < 0$이면 제 2, 4사분면을 지난다.
③ a의 절댓값이 커질수록 직선은 y축에 가까워진다.

보너스개념

일차함수 $y = ax(a \neq 0)$의 그래프는 $a > 0$일 때 오른쪽 위로 향하고, $a < 0$일 때 오른쪽 아래로 향한다.

필수예제

다음은 일차함수 $y = 2x$의 그래프에 대한 설명이다. 옳지 않은 것은?
① 원점을 지나는 직선이다.
② 제 1, 3사분면을 지난다.
③ 오른쪽 위로 향하는 직선이다.
④ $y = x$의 그래프보다 x축에 가깝다.
⑤ $y = -2x$의 그래프와 y축에 대하여 대칭이다.

✎ 포인트 / $y = ax(a \neq 0)$의 그래프에서 a의 절댓값이 커질수록 y축에 가까워진다.

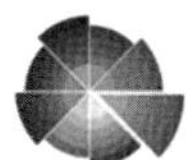

확인유제 01

다음 중 일차함수 $y = -x$의 그래프 위에 있는 점은?
① $(1, -3)$ ② $(2, 2)$ ③ $(-2, 2)$ ④ $(-1, -3)$ ⑤ $(6, -3)$

✎ 포인트 / 일차함수의 식에 주어진 점의 좌표를 대입하여 식이 성립하는 것을 찾는다.

확인유제 02

점 $P(3a, -a+1)$이 직선 $y = -x$의 그래프 위에 있을 때, a의 값을 구하여라.

>>> 핵심급소 / 한 도형을 일정한 방향으로 일정한 거리만큼 이동하는 것을 평행이동이라고 한다.

 **기본개념**

일차함수 $y = ax + b$ 의 그래프

① 일차함수 $y = ax + b$의 그래프는 일차함수 $y = ax$의 그래프를 y축의 방향으로 b만큼 평행이동한 직선이다.

② $b > 0$이면 일차함수 $y = ax$의 그래프를 y축의 양의 방향으로 b만큼, $b < 0$이면 일차함수 $y = ax$의 그래프를 y축의 음의 방향으로 b만큼 평행이동한 직선이다.

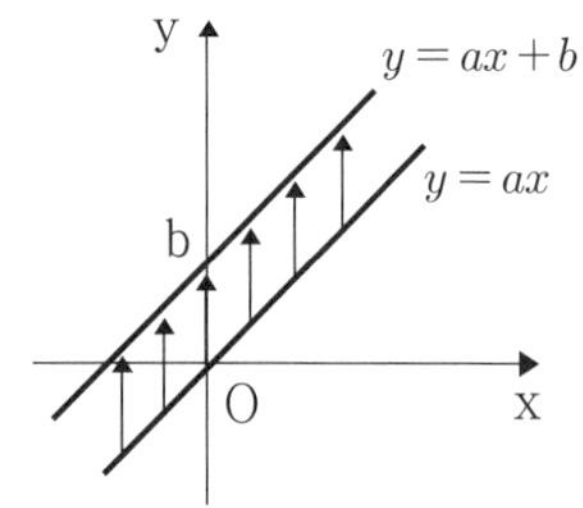

 **보너스개념**

일차함수 $y = 2x$의 그래프를 y축의 방향으로 -2만큼 평행이동한 그래프의 식은 $y = 2x - 2$이다.

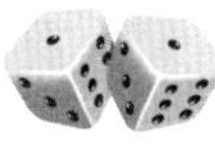 **필수예제**

다음 중 일차함수 $y = 2x$의 그래프를 이용하여 $y = 2x - 3$의 그래프를 바르게 그린 것은?

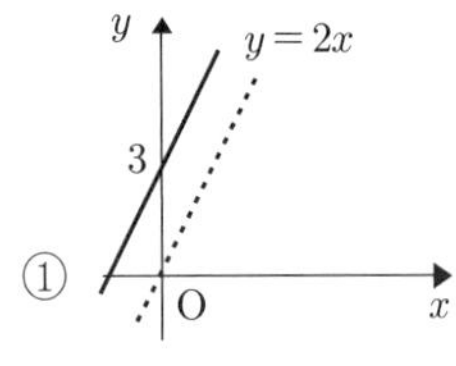

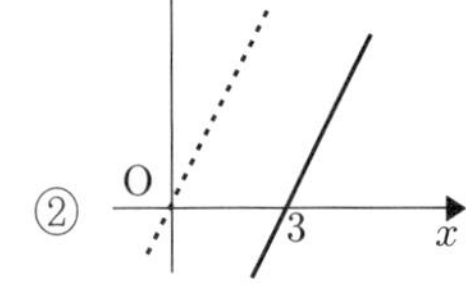

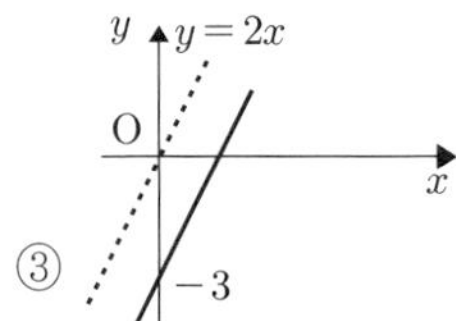

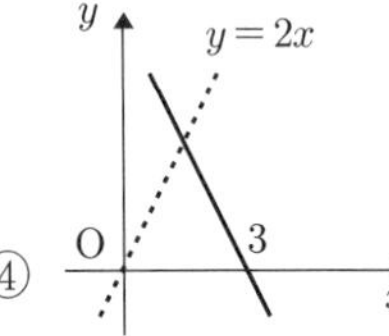

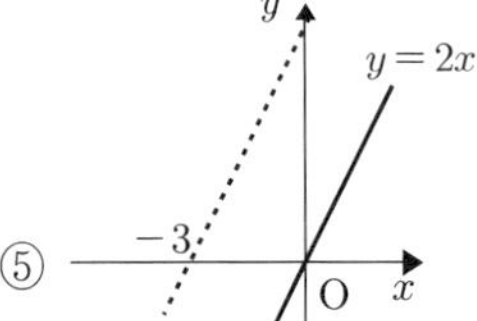

✏️ 포인트 / $y = 2x - 3$의 그래프는 $y = 2x$의 그래프를 y축의 음의 방향으로 3만큼 평행이동한 것이다.

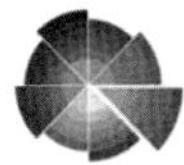 **확인유제 01**

일차함수 $y = -\dfrac{2}{3}x$의 그래프를 y축의 방향으로 2만큼 평행이동하면 $y = ax + b$의 그래프가 된다고 한다. 이 때, $a + b$의 값을 구하여라.

✏️ 포인트 / 일차함수 $y = ax$의 그래프를 y축의 방향으로 b만큼 평행이동한 그래프의 식은 $y = ax + b$이다.

>>> 핵심급소 / x절편과 y절편은 좌표로 표현되는 것이 아니라 수로 표현된다.

 기본개념

(1) x절편 : 일차함수의 그래프가 x축과 만나는 점의 x좌표
　⇒ 일차함수 $y=ax+b$의 그래프에서 x절편은 $y=0$을 대입했을 때의 x값이다.

(2) y절편 : 일차함수의 그래프가 y축과 만나는 점의 y좌표
　⇒ 일차함수 $y=ax+b$의 그래프에서 y절편은 $x=0$을 대입했을 때의 y의 값이다.

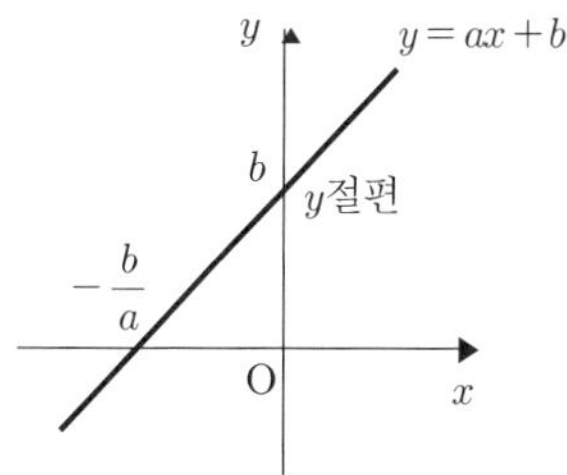

 보너스개념

일차함수 $y=ax+b$의 그래프에서 x절편은 $y=0$일 때의 x의 값인 $-\dfrac{b}{a}$이며 y절편은 $x=0$일 때의 y의 값인 b이다.

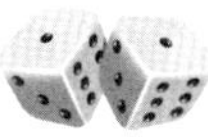 필수예제

다음 일차함수의 그래프 x절편, y절편을 각각 구하여라.

(1) $y=\dfrac{1}{2}x-1$

(2) $y=-3x+4$

포인트 / $y=ax\,(a\neq0)$의 그래프에서 a의 절댓값이 커질수록 y축에 가까워진다.

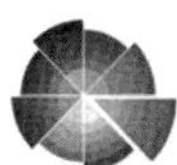 확인유제 01

일차함수 $y=\dfrac{3}{2}x-6$의 그래프가 x축, y축과 만나는 점의 좌표를 각각 구하여라.

포인트 / x축과 만나는 점의 x좌표는 x절편, y축과 만나는 점의 y좌표는 y절편이다.

>>> 핵심급소 / 일차함수에서 기울기가 $\dfrac{b}{a}$이면, 좌표평면에서 x축으로 a만큼 증가할 때, y으로는 b만큼 증가한 것을 말한다.

 **기본개념**

(1) 일차함수 $y=ax+b$에서 x의 값의 증가량에 대한 y의 값의 증가량의 비율 즉, a를 기울기라고 한다.

$$기울기 = \dfrac{(y의\ 값의\ 증가량)}{(x의\ 값의\ 증가량)}$$

(2) 일차함수 $y=ax+b$의 그래프에서 기울기는 a이다.

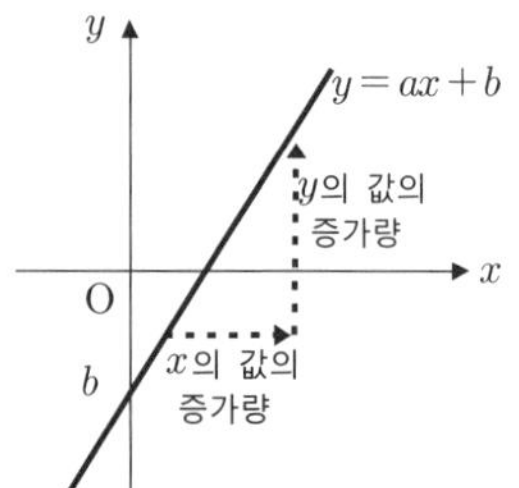

 **보너스개념**

일차함수 $y=ax+b$의 그래프에서 기울기 a는 항상 일정하다.

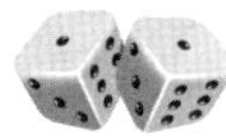 **필수예제**

일차함수 $y=-2x-1$에서 x의 값이 다음과 같이 변할 때, y의 값의 변화량을 구하여라.

(1) 0에서 3까지

(2) -4에서 -2까지

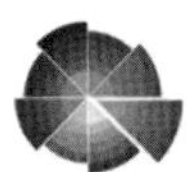 **확인유제 01**

일차함수 $y=-\dfrac{5}{4}x+2$에서 x의 값이 2 만큼 증가할 때, y의 값의 변화량은?

① 5만큼 증가   ② 5만큼 감소   ③ 2만큼 증가

④ 2.5만큼 증가   ⑤ 2.5만큼 감소

✏ 포인트 / $y=ax+b$에서 a는 기울기, b는 y절편을 나타낸다.

>>> 핵심급소 / 일차함수의 그래프가 오른쪽 위로 향하면 기울기의 부호는 '+' 오른쪽 아래로 향하면 기울기의 부호는 '-'이다.

 **기본개념**

일차함수 $y=ax+b$의 그래프에서

(1) $a>0$이면 오른쪽 위로 향하는 직선($\nearrow$)

$\quad \Rightarrow x$의 값이 증가하면 y의 값도 증가한다.

(2) $a<0$이면 오른쪽 아래로 향하는 직선($\searrow$)

$\quad \Rightarrow x$의 값이 증가하면 y의 값은 감소한다.

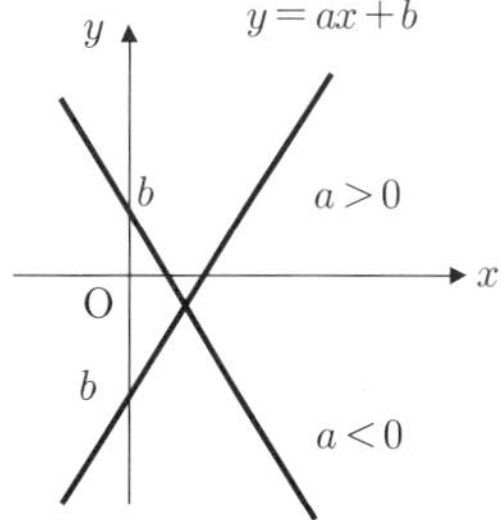

 **보너스개념**

기울기의 절댓값이 클수록 y축에 가까워지고, 기울기의 절댓값이 작을수록 x축에 가까워진다.

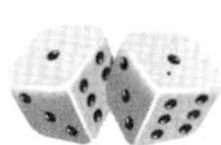 **필수예제**

다음 일차함수의 그래프 중에서 오른쪽 위로 향하는 것을 있는대로 골라라.

① $y=-4x$　　　　② $y=-2+\dfrac{1}{5}x$　　　　③ $y=4x-3$

④ $y=-\dfrac{7}{5}x+2$　　　　⑤ $y=-7x+1$

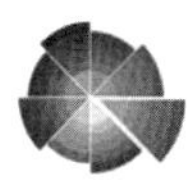 **확인유제 01**

오른쪽 그림은 일차함수 $y=-ax+\dfrac{a}{b}$의 그래프이다. 이 때, $a,\ b$의 부호를 말하여라.

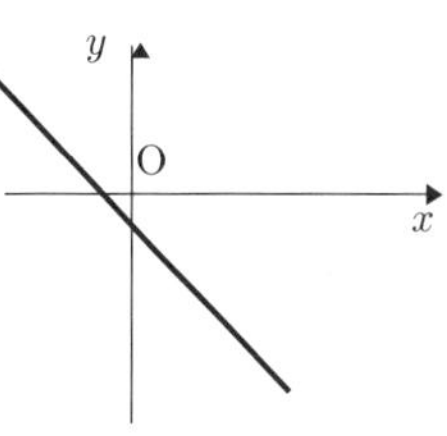

✎ 포인트 / $y=ax+b$의 그래프에서 $a>0$이면 오른쪽 위로 향하는 직선($\nearrow$), $a<0$이면 오른쪽 아래로 향하는 직선($\searrow$)이다.

>>> 핵심급소 / 두 일차함수의 그래프에서 일치하는 경우와 평행인 경우는 기울기가 같다.

 **기본개념**

기울기가 같은 두 일차함수의 그래프는 서로 평행이거나 일치한다.

즉, 두 일차함수 $y = ax + b$ 와 $y = a' + b'$에서

(1) $a = a',\ b \neq b'$이면 두 그래프는 서로 평행하다.

(2) $a = a',\ b = b'$이면 두 그래프는 서로 일치한다.

 **보너스개념**

① 기울기가 같고 y 절편이 다른 두 직선은 서로 평행하다.
② 기울기와 y절편이 같은 두 직선은 일치한다.

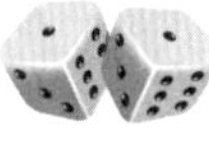 **필수예제**

다음 일차함수 중 그 그래프가 서로 평행한 것을 찾아라.

(1) $y = \dfrac{2}{3}x + 1$ (2) $y = -3x + 2$ (3) $y = -2x + 1$

(4) $y = 4 - 2x$ (5) $y = \dfrac{2}{3}x - 1$ (6) $y = 3x + 2$

 **확인유제 01**

일차함수 $y = \dfrac{3}{2}x$그래프를 y축의 방향으로 b만큼 평행이동하면 $y = ax - 5$의 그래프와 일치한다고 할 때, $a + b$의 값을 구하여라.

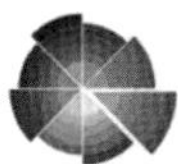 **확인유제 02**

두 일차함수 $y = 2x + 1$ 과 $2y = ax + b$가 일치한다고 한다. 이 때, a, b의 값을 구하여라.

✏ 포인트 / 기울기와 y절편이 같은 두 직선은 일치한다.

개념다지기 문제

01 다음 〈보기〉의 함수 중 일차함수인 것을 모두 고른 것은?

ㄱ. $y = x(x-5)$ ㄴ. $y = \dfrac{2x}{3} + 1$

ㄷ. $y = 4$ ㄹ. $y - 2x = -2x + 2$

① ㄴ   ② ㄱ, ㄴ   ③ ㄷ, ㄹ

④ ㄱ, ㄴ, ㄷ   ⑤ ㄱ, ㄴ, ㄷ, ㄹ

02 일차함수 $f(x) = ax - 2$에 대해서 $f(-1) = 1$일 때, $f(-2) - f(2)$의 값을 구하여라.

✐포인트 / [일차함수의 함수값] 주어진 함수값을 이용하여 a의 값을 구한다.

03 다음 중 일차함수 $y = -\dfrac{2}{5}x$의 그래프 위에 있는 점은?

① $(-5, 2)$ ② $(5, 2)$ ③ $\left(1, \dfrac{2}{5}\right)$

④ $\left(0, -\dfrac{2}{5}\right)$ ⑤ $\left(-\dfrac{2}{5}, 0\right)$

✐포인트 / [일차함수의 그래프] 각 점의 좌표를 식에 대입하여 등식이 성립하면 그 점은 그래프 위에 있는 점이다.

04 오른쪽 그림의 직선을 그래프로 하는 일차함수를 구하여라.

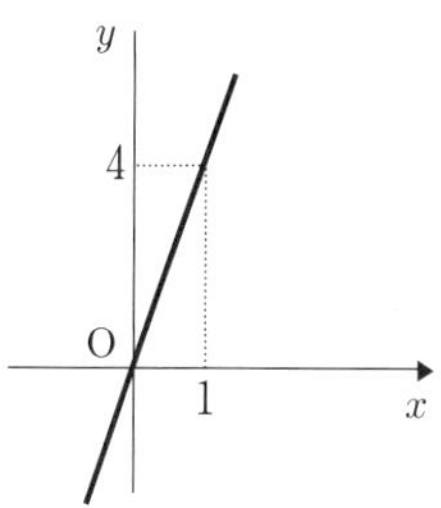

✐포인트 / [일차함수의 그래프] 원점을 지나는 직선의 방정식은 $y = ax(a \neq 0)$의 끌이다.

05 일차함수 $y = 3x$의 그래프를 y축의 방향으로 1 만큼 평행 이동한 그래프는 점$(-1, a)$를 지난다. 이 때, a의 값은?

① -3　　　② -2　　　③ -1　　　④ 2　　　⑤ 3

> ✎ 포인트 / [일차함수의 그래프의 평행이동] $y = 3x$의 그래프를 y축의 방향으로 1만큼 평행이동한 그래프의 식은 $y = 3x + 1$이다.

06 일차함수 $y = -\dfrac{1}{3}x + 2$의 그래프에서 x절편을 a, y절편을 b라 할 때, $a + b$의 값을 구하여라.

> ✎ 포인트 / [일차함수의 그래프의 x절편, y절편] x절편은 $y = 0$일때 x의 값이고 y절편은 $x = 0$일때 y의 값이다.

07 일차함수 $y = -5x + 2$에서 x의 값이 2만큼 증가하면 y의 값은 얼마만큼 감소하는지 구하여라.

08 일차함수 $y = ax + 1$에서 x의 값이 2만큼 증가할 때 y의 값이 3만큼 감소하고, 점$(1, b)$를 지날 때, $a + b$를 구하면?

① -2　　　② -1　　　③ $-\dfrac{1}{2}$　　　④ $\dfrac{3}{2}$　　　⑤ $\dfrac{5}{3}$

09 일차함수 $y = -\dfrac{1}{2}x + 3$의 그래프에서 x절편을 a, y절편을 b라 할 때, ab의 값은?

① -18 ② -12 ③ 6 ④ 12 ⑤ 18

포인트 / [일차함수와 그래프의 x절편, y절편] x절편은 $y = 0$일 때의 x의 값이고 y절편은 $x = 0$일 때의 y의 값이다.

10 일차함수 $y = ax + 3$의 그래프의 x절편이 2일 때 , a의 값을 구하여라.

포인트 / [일차함수와 그래프의 x절편, y절편] $y = ax + b$에서 $y = 0$일 때의 x의 값이 x절편이다.

11 일차함수 $y = ax + \dfrac{b}{a}$의 그래프가 오른쪽그림과 같을 때, a, b의 부호는?

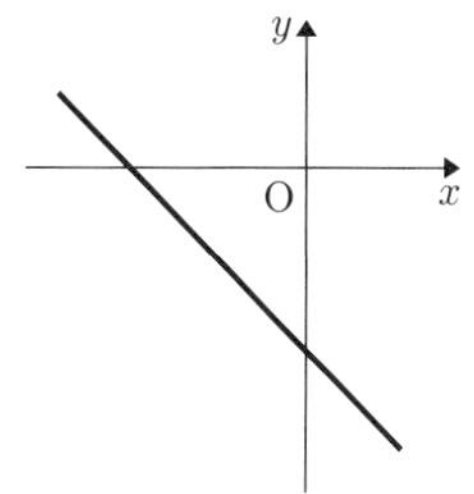

① $a > 0,\ b > 0$ ② $a > 0,\ b < 0$
③ $a < 0,\ b > 0$ ④ $a < 0,\ b < 0$
⑤ $a > 0,\ b = 0$

포인트 / 기울기와 일차함수의 증가·감소

12 다음 중 일차함수 $y = -3x + 2$와 평행한 그래프는?

① $y = 3x - 3$ ② $y = -\dfrac{x}{3} + 1$ ③ $y = 1 - 3x$

④ $y = -3 + 2x$ ⑤ $y = -0.3x + 2$

포인트 / 두 일차함수와 그래프의 평행, 일치

01 일차함수와 그래프 그리기

>>> 핵심급소 / 일차함수 $y = ax + b$의 그래프는 직선이고, 서로 다른 두 점을 지나는 직선은 오직 하나 뿐이다 .

기본개념

(1) 두 점을 이용하는 방법 : 일차함수를 만족하는 두 점의 좌표를 좌표평면 위에 나타내고 그 두 점을 직선으로 잇는다.

(2) 기울기와 y절편을 이용하는 방법 : y절편으로 y축과의 교점을 나타낸 후, 기울기를 이용하여 다른 점을 찾아 직선으로 잇는다.

(3) x절편과 y절편을 이용하는 방법 : x절편과 y절편을 구하여 x축, y축과 만나는 두 점을 좌표평면 위에 나타낸 후 직선으로 잇는다.

보너스개념

x절편이 m이면 점$(m,0)$, y절편이 n이면 점 $(0,n)$을 지나는 직선이다.

필수예제

일차함수 $y = -\dfrac{1}{3}x + 2$의 그래프를 기울기와 y절편을 이용하여 그려라.

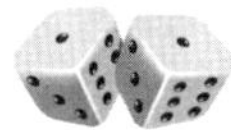

확인유제 01

일차함수 $y = 2x + 1$은 두 점 $(0,1)$, $(2,5)$를 지난다. 이것을 이용하여 $y = 2x + 1$의 그래프를 그려라.

✎ 포인트 / $y = ax + b$의 그래프는 직선이고, 서로 다른 두 점을 지나는 직선은 오직 하나뿐이다.

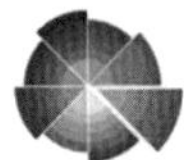

확인유제 02

x절편이 4, y절편이 6인 일차함수의 그래프를 그리고 기울기를 구하여라.

✎ 포인트 / 서로 다른 두 점을 지나는 직선은 오직 하나뿐이다.

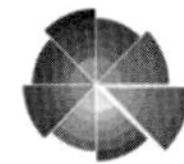

 핵심급소 / 정의역의 범위에서는 $'x \geq a'$에서 x는 a를 포함하는 것이고, $'x > a'$에서는 x는 a를 포함하지 않는다.

기본개념

일차함수 $y = f(x) = ax + b$의 정의역이

$\{x | s \leq y \leq t\}$일 때,

① $a > 0$이면 치역은 $\{y | f(s) \leq y \leq f(t)\}$

② $a < c$이면 치역은 $\{y | f(t) \leq y \leq f(s)\}$

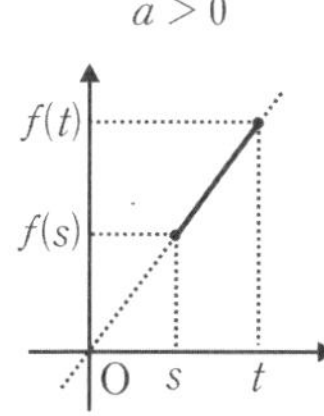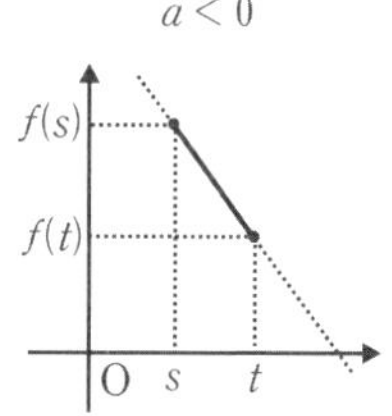

보너스개념

정의역이 $\{x | s \leq x \leq t\}$로 제한된 일차함수 $y = f(x)$의 그래프는 양 끝점이 $(s, f(s))$, $(t, f(t))$인 선분으로 나타낸다.

 **필수예제**

정의역이 $\{x | -2 < x \leq 2\}$인 일차함수 $y = 2x - 3$의 치역은?

① $\{y | -1 \leq y < 1\}$　　② $\{y | -7 \leq y < 1\}$　　③ $\{y | -1 \leq y < 7\}$

④ $\{y | -7 < y \leq 1\}$　　⑤ $\{y | -1 \leq y < 5\}$

포인트 / 기울기가 양이므로 x의 값이 증가할 때, y의 값도 증가한다.

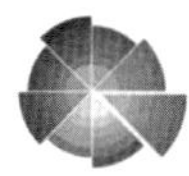 **확인유제 01**

일차함수 $y = ax + b$의 정의역이 $\{x / -2 \leq x \leq 4\}$, 치역이 $\{y / -3 \leq y \leq 3\}$일 때, $a + b$ 값은? (단, $a > 0$)

① -2　　　② -1　　　③ 0　　　④ 1　　　⑤ 2

포인트 / 일차함수 $y = f(x)$의 정의역이 $\{x | s \leq x \leq f\}$일 때, $a > 0$이면 치역은 $\{x | f(s) \leq y \leq f(t)\}$이다.

>>> 핵심급소 / $x = 0$의 그래프는 y축이고, $y = 0$의 그래프는 x축이다.

기본개념

(1) $x = k$의 그래프

점 $(k, 0)$을 지나고, y축에 평행한(x축에 수직인) 직선

(2) $y = k$의 그래프

점 $(0, k)$를 지나고, x축에 평행한(y축에 수직인) 직선

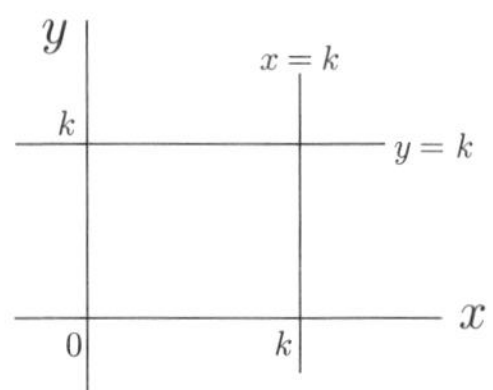

보너스개념

점 $(0, 8)$을 지나고 x축에 평행한 직선의 방정식은 $y = 8$이다.

필수예제

다음 방정식의 그래프를 그려라.

(1) $3x + 4 = 0$

(2) $5 - 2y = 0$

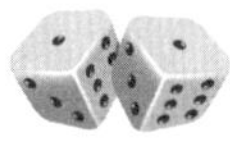

확인유제 01

방정식 $-3y + 6 = 0$의 그래프를 그려라.

포인트 / $y = k$의 그래프는 점$(0, k)$를 지나고 x축에 평행한 직선이다.

확인유제 02

다음 방정식의 그래프를 그려라.

(1) $4x + 3 = 0$

(2) $5y = 0$

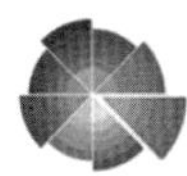

>>> 핵심급소 / 일차함수 $y = ax + b$에서 기울기는 a, y절편은 b이다.

기본개념

(1) 기울기와 y절편이 주어질 때

기울기가 a이고, y절편이 b인 직선의 방정식은 $y = ax + b$이다.

(2) 기울기와 한 점이 주어질 때

기울기가 m이고, 한 점 (x_1, y_1)을 지나는 직선의 방정식은 다음과 같은 순서로 구한다.

① 직선의 방정식을 $y = mx + b$로 놓는다.

② $x = x_1$, $y = y_1$을 대입하여 b의 값을 구한다.

보너스개념

기울기가 a이고 한 점 (x_1, y_1)을 지나는 직선의 방정식은 $y - y_1 = a(x - x_1)$으로 구할 수도 있다.

필수예제

기울기가 1이고, y절편이 -3인 일차함수의 식을 구하여라.

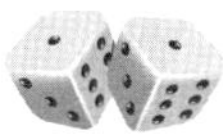

확인유제 01

기울기가 2이고, 점 $(2, -1)$을 지나는 일차함수의 식을 구하여라.

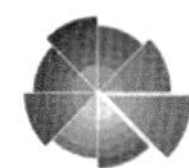

확인유제 02

다음을 구하여라.

(1) 기울기가 -2이고 점 $(1, 2)$를 지나는 직선의 방정식

(2) 점 $(3, 2)$를 지나고 직선 $y = 3x + 1$에 평행한 직선의 방정식

포인트 / 기울기 m과 한 점 (x_1, y_1)이 주어졌을 때, $y = mx + b$에 $x = x_1$, $y = y_1$을 대입하여 b의 값을 구한다.

>>> 핵심급소 / $y = ax + b$로 놓고 (x_1, y_1)과 (x_2, y_2)를 대입하여 a, b를 구해도 된다.

기본개념

직선 위의 서로 다른 두 점이 주어질 때 : 두 점 (x_1, y_1), (x_2, y_2)를 지나는 직선의 방정식은 다음과 같은 순서로 구한다.

① 기울기 $a = \dfrac{y_2 - y_1}{x_2 - x_1}$ 또는 $a = \dfrac{y_1 - y_2}{x_1 - x_2}$ 를 구한다.

② 직선의 방정식을 $y = ax + b$로 놓고 $x = x_1,\ y = y_1$ 또는 $x = x_2,\ y = y_2$를 대입하여 b의 값을 구한다.

보너스개념

두 점 (x_1, y_1), (x_2, y_2)를 지나는 방정식은 $y - y_1 = \dfrac{y_2 - y_1}{x_2 - x_1}(x - x_1)$으로 구할 수도 있다.

필수예제

두 점 $(-3, 4)$, $(2, 9)$를 지나는 직선의 식을 구하여라.

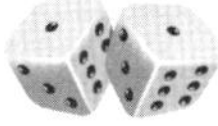

확인유제 01

다음 두 점을 지나는 직선을 나타내는 일차함수의 식을 구하여라.
(1) $(-1, 2)$, $(1, 1)$ (2) $(-1, -5)$, $(5, 7)$

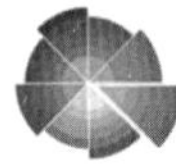

확인유제 02

두 점 $(0, -10)$, $(3, 5)$를 지나는 직선의 방정식을 구하여라.

✎포인트 / 일차함수 $y = ax + b$의 그래프를 지나는 두 점이 주어졌을 때, 기울기 a를 먼저 구한 후 한 점의 좌표를 대입하여 y절편 b를 구한다.

>>> 핵심급소 / x절편이 m이면 $(m, 0)$, y절편이 n이면 $(0, n)$으로 나타낸다.

기본개념

x절편과 y절편이 주어질 때

x절편이 m, y절편이 n인 직선의 방정식은 두 점 $(m,0)$, $(0,n)$을 지나는 직선의 방정식이다.

① (기울기)$=\dfrac{0-n}{m-0}=-\dfrac{n}{m}$ 을 구한다.

② y절편이 n이므로 직선의 방정식은 $y=-\dfrac{n}{m}x+n$이다.

보너스개념

x절편이 m, y절편이 n인 직선의 방정식은 $\dfrac{x}{m}+\dfrac{y}{n}=1$ (단 $m\neq 0, n\neq 0$)으로 구할 수도 있다.

필수예제

다음을 구하여라.
(1) x절편이 2, y절편이 3인 직선의 방정식
(2) x절편이 -3, y절편이 2인 직선의 방정식

✎ 포인트 / 두 점 (x_1,y_1), (x_2,y_2)를 지나는 직선의 기울기는 $\dfrac{y_2-y_1}{x_2-x_1}$ 이다.

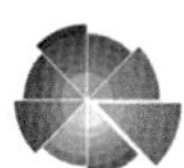

확인유제 01

직선 $2x+3y-12=0$과 x축 위에서 만나고 y절편이 5인 직선의 방정식을 구하여라.

✎ 포인트 / x축 위에서 만나는 두 직선은 x절편이 서로 같다.

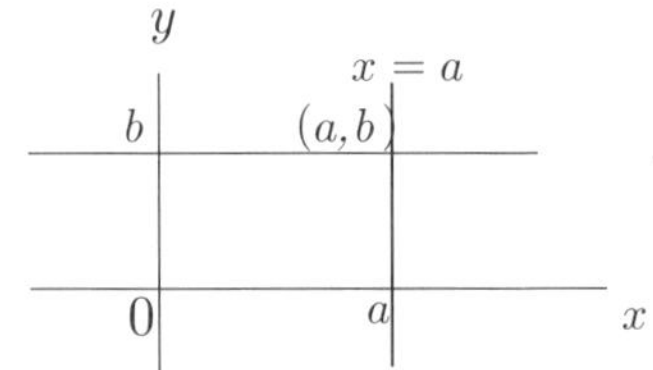

>>> 핵심급소 / 축에 평행한 직선의 방정식 : $x = k$ 또는 $y = k$

 **기본개념**

좌표축에 평행할 때

① 점 (a, b)를 지나고, x축에 평행한 직선의 방정식

$\Rightarrow y = b = (y$좌표$)$

② 점 (a, b)를 지나고, y축에 평행한 직선의 방정식

$\Rightarrow x = b = (y$좌표$)$

 **보너스개념**

점 (a, b)를 지나고 ① y축에 수직인 직선은 x축에 평행하므로 $y = b$

② x축에 수직인 직선은 y축에 평행하므로 $x = a$

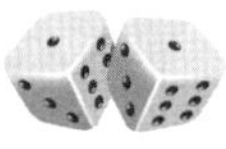 **필수예제**

점 $(4, 6)$을 지나고 x축에 평행한 직선의 방정식은?

① $x = 4$ ② $y = 5$ ③ $y = 6$ ④ $x = -4$ ⑤ $y = -6$

✏️포인트 / 점 (a, b)를 지나고 x축에 평행한 직선의 방정식은 $y = b$

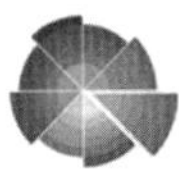 **확인유제 01**

두 직선 $2x + y = 5$, $x + y = 1$의 교점을 지나며 y축에 평행한 직선의 방정식을 구하여라.

✏️포인트 / 두 직선의 교점은 연립방정식의 해와 같다.

 **확인유제 02**

직선 $-7x + 5y + 10 = 0$이 y축과 만나는 점을 지나고 x축에 평행한 직선의 방정식을 구하여라.

✏️포인트 / 직선이 y축과 만나는 점의 y좌표가 y절편이다.

개념다지기 문제

01 기울기와 y절편을 이용하여 다음 일차함수의 그래프를 그려라.

(1) $y = \dfrac{1}{2}x - 2$ (2) $y = -2x + 4$

> ✎ 포인트 / [일차함수의 그래프 그리기] 기울기와 y절편을 이용하여 그래프를 그릴 때에는 y절편을 먼저 구하고 기울기를 생각하여 그린다.

02 일차함수의 기울기가 $-\dfrac{3}{2}$이고, x절편이 -2인 그래프를 그려라.

> ✎ 포인트 / [일차함수의 그래프 그리기] x절편인 점을 나타내고, 그 점에서 기울기를 이용하여 다른 한 점을 찾는다.

03 정의역이 $\{x \mid -2 \le x \le 2\}$인 일차함수 $f(x) = -2x + 3$의 치역을 구하여라.

> ✎ 포인트 / [제한된 정의역과 일차함수] $f(x) = -2x + 3$의 그래프는 오른쪽 아래로 향하는 직선이다.

04 다음 일차방정식의 그래프를 그려라.

(1) $x = -4$ (2) $3y - 6 = 0$

> ✎ 포인트 / [일차방정식의 그래프] 일차방정식 $x = k$, $y = k$의 그래프는 좌표축에 평행한 직선이다.

05 다음 중 점 $(-2, 1)$을 지나고 y축에 평행한 직선 위에 있는 점은?

① $(-2, 3)$ ② $(0, 0)$ ③ $(0, 1)$ ④ $(3, 1)$ ⑤ $(1, -2)$

06 점 $(3, 4)$를 지나고, $y = -3x$ 에 평행한 직선의 방정식은?

① $y = -3x + 13$ ② $y = 3x - 13$ ③ $y = x + 13$

④ $y = -x - 13$ ⑤ $y = -3x - 13$

07 세 점 $(-1, 3)$, $(3, 2)$, $(a, 4)$가 한 직선 위에 있을 때, a의 값을 구하여라.

08 두 점 $(2, -1)$, $(-4, 5)$를 지나는 직선의 x절편과 y절편의 합을 구하여라.

09 다음 조건을 만족하는 일차함수의 식을 구하여라.

(1) x절편이 -5, y절편이 3인 직선

(2) x절편이 4, y절편이 1인 직선

✏ 포인트 / [직선의 방정식 구하기(3)] x절편이 m, y절편이 n인 직선은 두 점 $(m,0),(0,n)$을 지남을 이용한다.

10 x절편이 -1, y절편이 2인 일차함수의 식을 구하여라.

✏ 포인트 / [직선의 방정식 구하기] 기울기가 a이고 y절편이 b인 직선의 방정식은 $y=ax+b$이다.

11 직선 $y=-3x+a$와 두 점 $(3,2)$, $(-1,0)$을 지나는 직선과의 교점의 x좌표가 2일 때, a의 값은?

① $-\dfrac{9}{2}$ ② 1   ③ $\dfrac{3}{2}$ ④ 2   ⑤ $\dfrac{15}{2}$

✏ 포인트 / [일차함수식 구하기] 먼저 $(3,2)$, $(-1,0)$을 지나는 직선의 방정식을 구한다.

12 두 직선 $y=\dfrac{1}{2}x+\dfrac{1}{2}$, $y=-2x+8$의 교점을 지나고, y절편이 -4인 일차함수의 식을 $y=ax+b$라고 할 때, $a+b$의 값은?

① -2 ② -1 ③ 0   ④ 1   ⑤ 2

✏ 포인트 / [일차함수식 구하기] 두 직선의 교점의 좌표는 두 직선의 방정식을 연립하여 구한다.

01 일차방정식과 일차함수

>>> 핵심급소 / 일차함수의 그래프 위의 모든 점들이 일차방정식의 해가 된다.

기본개념

일차방정식 $ax + by + c = 0\ (a, b, c$는 상수, $a \neq 0, b \neq 0)$의 해를 나타내는 그래프는 일차함수 $y = -\dfrac{a}{b}x - \dfrac{c}{b}$의 그래프와 같은 직선이다.

$$ax + by + c = 0 \quad \xrightarrow{\ y에\ 관하여\ 푼다\ } \quad y = -\dfrac{a}{b}x - \dfrac{c}{b}\ (a \neq 0, b \neq 0)$$

일차 방정식   일차함수

보너스개념

일차방정식을 만족하는 순서쌍 (x, y)를 좌표평면에 나타내면 직선이므로 일차방정식을 직선의 방정식이라고도 한다.

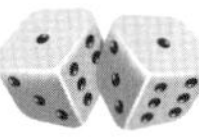

필수예제

다음 각 일차방정식의 해를 나타내는 직선을 그려라.
(1) $x - y + 1 = 0$
(2) $x + y - 1 = 0$
(3) $x - 1 = 0$
(4) $y + 2 = 0$

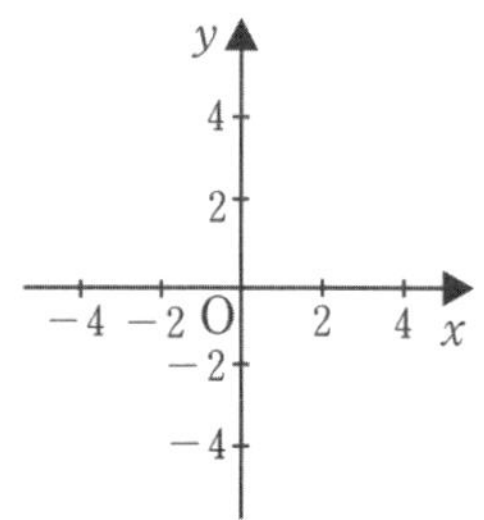

확인유제 01

일차방정식 $2x - y + b = 0$을 나타내는 직선이 점$(2,\ 2)$를 지날 때, 다음 ( )안에 알맞은 수를 써 넣어라.
(1) 이 직선의 기울기는 (   )이고, y절편은 (   )이다.
(2) 이 직선은 점 (, -2)를 지난다.

✏ 포인트 / 일차방정식을 $y = ax + b$의 꼴로 변형하였을 때, 기울기는 a, y절편은 b이다.

>>> 핵심급소 / 직선 위의 모든 점들은 방정식의 해이므로 교점의 좌표는 두 방정식을 모두 만족시키는 해이다.

 **기본개념**

연립방정식 $\begin{cases} ax + by + c = 0 \\ a'x + b'y + c' = 0 \end{cases}$ 의 해는 두 일차 방정식 $ax + by + c = 0,\ a'x + b'y + c' = 0$의 그래프의 교점의 좌표와 같다. 즉, 교점의 좌표가 (p, q)이면 연립방정식의 해는 $x = p,\ y = q$이다.

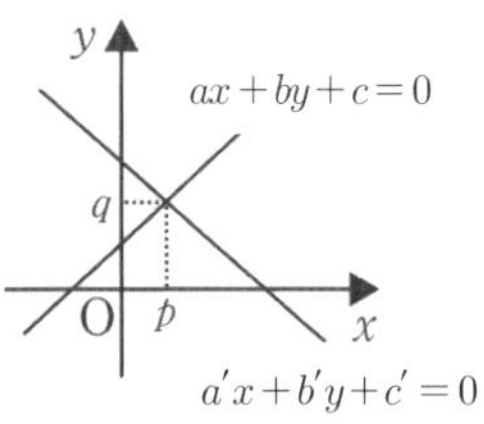

 **보너스개념**

두 직선의 교점의 좌표가 $(5, 4)$이면 두 직선의 방정식을 모두 만족하는 연립방정식의 해는 $x = 5,\ y = 4$이다.

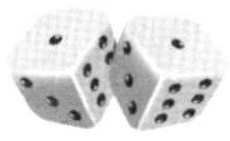 **필수예제**

연립방정식 $\begin{cases} x + 2y = a \\ 2x - y = b \end{cases}$ 의 해가 오른쪽 그림과 같을 때, $a + b$값을 구하여라.

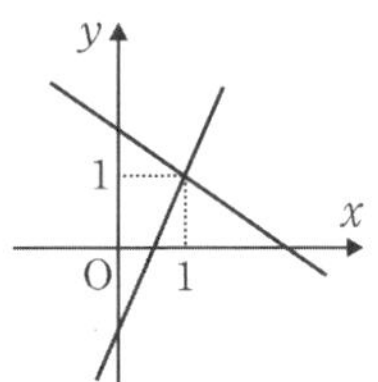

 **확인유제 01**

$x,\ y$에 대한 연립방정식 $\begin{cases} 3x - y = a \\ bx + y = 2 \end{cases}$ 의 그래프가 오른쪽 그림과 같을 때, a, b의 값을 구하여라.

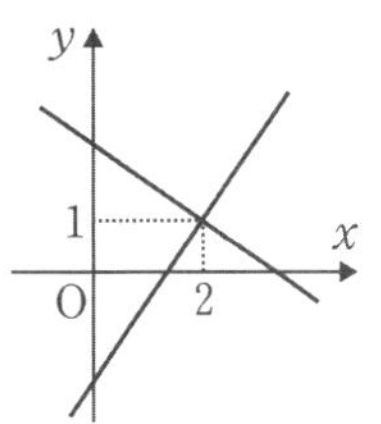

>>> 핵심급소 / 연립방정식의 해의 개수는 0개 또는 1개 또는 무수히 많다.

 **기본개념**

연립방정식에서 각각의 방정식의 해를 나타내는 두 직선을 그렸을 때,
(1) 한 점에서 만나면, 그 만나는 점의 좌표가 연립방정식의 해이다. (해는 1개)
(2) 일치하면, 연립방정식의 해는 무수히 많다.
(3) 평행하면, 연립방정식의 해는 없다.

 **보너스개념**

두 직선이 일치하는 경우에는 직선 위의 모든 점이 해가 되므로 해가 무수히 많다.

 **필수예제**

연립방정식 $\begin{cases} 3x + y = 2 \\ -6x - 2y + 4 = 0 \end{cases}$ 을 풀어라.

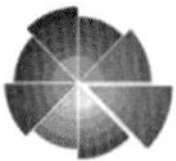 **확인유제 01**

연립방정식 $\begin{cases} 2x + y = 1 \\ 6x + 3y = 3 \end{cases}$ 을 풀어라.

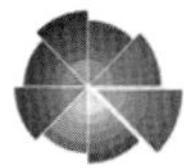 **확인유제 02**

연립방정식 $\begin{cases} x - y = -3 \\ 3x - 3y = 4 \end{cases}$ 를 풀어라.

>>> 핵심급소 / 두 직선 $y = ax + b, y = a'x + b'$에 대하여
$a = a', b = b'$이면 일치하고 $a = a, b \neq b'$이면 평행이다.

기본개념

연립방정식 $\begin{cases} y = ax + b \\ y = a'x + b' \end{cases}$ 일 때,

(1) $a = a'$이고, $b = b'$이면 해가 무수히 많다.(두 직선이 일치하는 경우)

(2) $a = a'$이고, $b \neq b'$이면 해는 없다.(두 직선이 평행한 경우)

(3) $a \neq a'$이면 한 쌍의 해가 있다.

보너스개념

연립방정식의 해에 대한 여러 가지 조건이 주어질 때에는 연립방정식의 각 식을 y에 대하여 풀어서 구하면 편리하다.

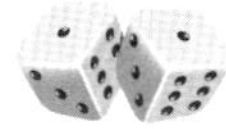
필수예제

연립방정식 $\begin{cases} 3x - 2y = 6 \\ ax + 4y = 5 \end{cases}$ 의 해가 없을 때, 상수 a의 값을 구하여라.

확인유제 01

연립방정식 $\begin{cases} ax + y = 3 \\ 3x - y = 6 \end{cases}$ 의 해가 없을 때, a의 값을 구하여라.

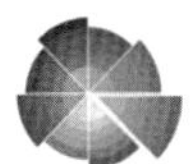
확인유제 02

연립방정식 $\begin{cases} ax + 2y = 4 \\ 3x - by = -2 \end{cases}$ 의 해가 무수히 많을 때, $a + b$의 값을 구하여라.

포인트 / 연립방정식의 해가 무수히 많으면 두 직선은 일치한다.

>>> 핵심급소 / 원인이 되는 변수를 x, 결과로 나오는 변수를 y로 정하여 관계식 $y = f(x)$를 세운다.

 **기본개념**

일차함수의 활용 문제 풀이 순서
① 변수 x, y를 정하고 정의역의 범위를 생각해 본다.
② x, y의 관계식을 세운다.
③ 관계식을 푼다.
④ 구한 답이 문제의 뜻에 맞는 확인한다.

 **보너스개념**

실험, 실측 등의 결과를 그래프로 나타내고 그래프에 알맞은 실험식을 만들었을 때, 실험식에서의 미지수 x, y의 값의 범위는 실험을 한 범위에 한 한다.

 **필수예제**

길이가 25cm인 양초가 있다. 불을 붙이면 10분마다 2cm씩 짧아 진다고 한다. 불을 붙인 후 x분 후의 초의 길이를 $y$cm 라고 할 때, x, y 사이의 관계식을 구하여라.

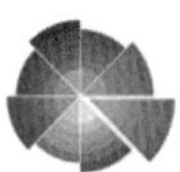 **확인유제 01**

길이가 20cm인 용수철에 물체를 달았을 때, 물체의 무게 10g당 1.5cm씩 길이가 늘어난다고 한다. 70g인 물체를 달았을 때, 용수철 의 길이를 구하여라.

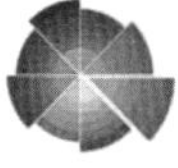 **확인유제 02**

기온이 $0°C$일 때, 소리의 속력은 331m/초이고, 온도가 $1°C$ 오를 때마다 소리의 속력은 0.6m/초씩 증가한다고 한다. 기온이 $x°C$일 때, 소리의 속력을 ym/초라 하고 y를 x에 관한 식으로 나타내어라.

✎ 포인트 / $(1°C → 0.6\text{m/초 증가}) \Rightarrow (x°C → 0.6x\text{m/초 증가})$

개념다지기 문제

01 일차방정식 $2x - 2y + 4 = 0$ 의 그래프와 일치하는 직선의 방정식은?

① $y = x - 2$　　　　② $y = x + 2$　　　　③ $y = -x + 2$

④ $y = -x - 2$　　　　⑤ $y = x + 3$

✎ 포인트 / [일차방정식과 일차함수] 일차방정식을 y에 관하여 푼다.

02 일차방정식 $2x - 3y + 6 = 0$의 그래프에서 기울기와 y절편의 합을 구하여라.

✎ 포인트 / [일차방정식과 일차함수] 주어진 일차방정식을 $y = ax + b$ 의 꼴로 고친다.

03 일차함수 $y = 2x + b$의 그래프가 두 직선 $x + 2y = 4$, $-x + 4y = 2$의 교점을 지날 때, 상수 b의 값은?

① -5　　　　② -4　　　　③ -3　　　　④ -2　　　　⑤ -1

✎ 포인트 / [연립방정식의 해와 그래프] 두 직선의 교점의 좌표는 두 직선의 방정식을 연립하여 구한다.

04 두 일차방정식 $3x - 12y = m$, $x + ny = 3$의 그래프가 오른쪽 그림과 같을 때, nm의 값을 구하여라.

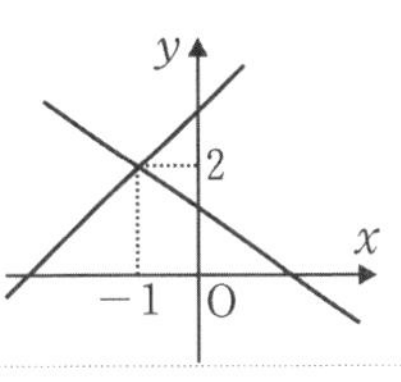

✎ 포인트 / [연립방정식의 해와 그래프] 두 직선의 교점 (a, b)는 연립방정식의 해 $x = a$, $y = b$이다.

05 다음 연립방정식 중 해가 무수히 많은 것은?

① $\begin{cases} x + y = 3 \\ x - y = 3 \end{cases}$
② $\begin{cases} x - 2y = 1 \\ 2x - y = 1 \end{cases}$
③ $\begin{cases} 2x - 3y = 1 \\ -2x + 3y = -1 \end{cases}$

④ $\begin{cases} x - 3y = 2 \\ 2x - 6y = 2 \end{cases}$
⑤ $\begin{cases} x + 2y = 1 \\ -x - 2y = 1 \end{cases}$

포인트 / [연립방정식의 해의 개수] 두 직선이 일치하는 경우에 해가 무수히 많다.

06 다음 〈보기〉에 대한 설명으로 옳은 것을 모두 고르면?

ㄱ. $y = 3x - 2$	ㄴ. $3x - y - 2 = 0$
ㄷ. $3x + y + 2 = 0$	ㄹ. $y = -\dfrac{1}{2}x - 2$

① ㄱ과 ㄴ은 일치한다.
② ㄱ과 ㄷ은 서로 평행하다.
③ ㄷ과 ㄹ은 서로 평행하다.
④ ㄷ과 ㄹ은 점 (2, 1)을 지난다.
⑤ ㄱ, ㄴ, ㄷ, ㄹ 은 한 점에서 만난다.

포인트 / [연립방정식의 해의 개수] 각 직선의 기울기와 y절편을 비교한다.

07 연립방정식 $\begin{cases} 2x + ay = b \\ -4x + 3y = 1 \end{cases}$ 의 해가 무수히 많을 때, $a + b$ 의 값을 구하여라.

포인트 / [연립방정식의 해] 연립방정식의 각 식을 y에 대하여 풀고 기울기, y절편을 비교한다.

08 연립방정식 $\begin{cases} 2x - 5y = 1 \\ (a+1)x + 3y = 2 \end{cases}$ 의 그래프가 교점이 없을 때, a의 값을 구하여라.

09 100g까지 달 수 있는 길이가 20cm인 용수철 저울이 있다. 이 저울은 5g 인 물건을 달 때마다 용수철이 1cm씩 늘어난다고 한다. x g의 물건을 달 때의 용수철의 길이를 $y$cm 라 할 때, x, y사이의 관계식과 정의역을 구하여라.

✍ 포인트 / [일차함수의 활용] 물건의 무게 1g마다 용수철의 길이는 $\frac{1}{5}$ cm씩 늘어난다.

10 A지점을 출발하여 400m/분의 속력으로 12km 떨어진 B지점까지의 자전거를 타고 가는 사람이 있다. 출발하여 x분 후의 이 사람을 위치를 P, P로부터 B지점까지의 거리를 $y$km라 할 때, x, y사이의 관계식을 구하고 그래프로 그려라.

✍ 포인트 / [일차함수의 활용] x분 동안 움진인 거리를 계산하여 x, y사이의 관계식을 세운다.

11 오른쪽 그림과 같은 원기둥 모양의 물통에 물이 가득 차 있고 그 부피가 3000cm³이다. 이 물통의 바닥에 설치된 꼭지를 열었더니 매분 50cm³씩 물이 흘러 나온다고 한다. x분 후 물통에 남은 물의 양을 $y$cm³라 할 때, x, y사이의 관계식과 정의역을 구하여라.

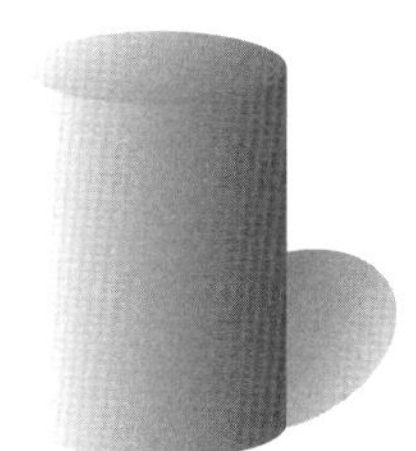

✍ 포인트 / [일차함수의 활용] (1분 후→50 cm³ 감소) $\Rightarrow$ (x분 후→50x cm³감소)

 memo

 **memo**

memo

정답

맛있는 교재

"교재는 정보다."

정답 및 해설

 I -1.-01

 필수예제

정답 ④

풀이

① 0.15625
② 0.2
③ 1.75
④ 0.142857142857⋯
⑤ 0.07

 확인유제 01

정답 ③

풀이

①,②,④,⑤는 무한소수이고 ③은 유한소수이다.

확인유제 02

정답 ②,⑤

풀이

②0.125

⑤ $\dfrac{3}{8}=0.375$: 유한소수

 I -1.-02

 필수예제

정답 ㄱ,ㄷ,ㄹ

풀이

ㄱ. 유한소수
ㄴ. 유한소수로 나타내어지지 않는다.
ㄷ. $\dfrac{7}{28}=\dfrac{1}{4}=\dfrac{1}{2^2}$ 이므로 유한소수
ㄹ. $\dfrac{1}{1024}=\dfrac{1}{2^{10}}$ 이므로 유한소수

확인유제 01

정답 ②

풀이

② $\dfrac{21}{2^2\times3\times5}=\dfrac{7}{2^2\times5}$ 이므로 기약분수로 나타냈을 때, 분모에 소인수가 2와 5밖에 없으므로 유한소수이다. ①, ③, ④, ⑤ 는 분모에 3이 소인수로 있으므로 유한소수가 될 수 없다.

 I -1.-03

필수예제

정답 (1) 0.275 (2) $0.4\dot{2}$
     (3) $0.25\dot{7}$ (4) $0.\dot{1}\dot{9}$

풀이

(1) $\dfrac{11}{40}=11\div40=0.275$

(2) $\dfrac{14}{33}=14\div33=0.4\dot{2}$

(3) $\dfrac{17}{66}=17\div66=0.25\dot{7}$

(4) $\dfrac{19}{99}=19\div99=0.\dot{1}\dot{9}$

확인유제 01

정답 (1) $0.\dot{3}\dot{6}$ (2) $0.2\dot{3}$

풀이

$\dfrac{4}{11}=0.363636\cdots=0.\dot{3}\dot{6}$

$\dfrac{7}{30}=0.233\cdots=0.2\dot{3}$

 I -1.-04

 필수예제

정답 (1) $\dfrac{7}{9}$ (2) $\dfrac{8}{45}$

풀이

(1) $x=0.\dot{7}=0.777\cdots$ 이라 하면
$10x=7.777\cdots$ 이므로 $9x=7$ $\therefore x=\dfrac{7}{9}$

(2) $x=0.1\dot{7}=0.1777\cdots$ 이라 하면
$10x=1.7777\cdots$ 이므로 $9x=1.6$
$\therefore x=\dfrac{1.6}{9}=\dfrac{16}{90}=\dfrac{8}{45}$

확인유제 01

정답 ⑤

풀이

$10x=13.242424\cdots$ ㉠
$1000x=1324.242424\cdots$ ㉡
㉡-㉠에서 $990x=1311$,
즉, 가장 편리한 식은 $1000x-10x$ 이다.

 **필수예제**

정답 (1) $\dfrac{32}{9}$ (2) $\dfrac{8}{33}$

      (3) $\dfrac{71}{333}$ (4) $\dfrac{149}{495}$

풀이

(1) $3.\dot{5} = \dfrac{32}{9}$

(2) $0.\dot{2}\dot{4} = \dfrac{8}{33}$

(3) $0.2\dot{1}\dot{3} = \dfrac{71}{333}$

(4) $0.3\dot{0}\dot{1} = \dfrac{149}{495}$

 **확인유제 01**

정답 ④

풀이

$0.2\dot{9} = \dfrac{29-2}{90} = \dfrac{27}{90} = \dfrac{3}{10}$

확인유제 02

정답 $0.0\dot{0}\dot{1}$

풀이

$0.2\dot{7}\dot{5} = \dfrac{275-2}{990} = \dfrac{\dot{2}7\dot{3}}{990} = 273 \times \dfrac{1}{990}$

$= 273 \times 0.0\dot{0}\dot{1}$

$\therefore A = 0.0\dot{0}\dot{1}$

 **필수예제**

정답 (1), (2)

풀이

(3) 0을 제외한 유리수는 유한소수 또는 순환
소수로 나타내어진다.
따라서, 옳은 것은 (1), (2) 이다

 **확인유제 01**

정답 ③

풀이

① 유리수란 a, b가 정수이고 $b \neq 0$일 때, 분
수 $\dfrac{a}{b}$로 나타낼 수 있는 수이다.

② 순환소수란 소수점 아래의 어떤 자리에서부
터 일정한 숫자의 배열이 한없이 되풀이되
는 무한소수이다.

③ 모든 순환소수는 분수로 나타낼 수 있으므
로 유리수이다.

④ (반례) $\dfrac{2}{3} = 0.666 \cdots 0.\dot{6}$

⑤ 무한소수 중 순환소수는 유리수이다.

01 **정답** ①, ③, ⑤
풀이
정수가 아닌 유리수이므로 $-\dfrac{1}{2}, 0.455 \cdots, \dfrac{2}{3}$이다.

02 **정답** ⑤
풀이
$\dfrac{6}{2^2 \times a} = \dfrac{3}{2 \times a}$에서 $a = 18$이면

$\dfrac{3}{2 \times 18} = \dfrac{1}{2^2 \times 3}$이므로 무한소수가 된다.

03 **정답** $0.\dot{6}\dot{3}$
풀이
$0.58\dot{3} = \dfrac{523}{900} = \dfrac{7}{12}$에서 (분자)$=7$,

$0.\dot{8}\dot{1} = \dfrac{81}{99} = \dfrac{9}{11}$에서 (분모)$=11$

따라서, 처음에 주어진 기약분수는 $\dfrac{7}{11}$이고,

이것을 소수로 나타내면 $\dfrac{7}{11} = 0.\dot{6}\dot{3}$이다.

04 **정답** ④
풀이
$x = 1.425425 \cdots$ ㉠, $1000x = 1425.425425 \cdots$ ㉡
㉡$-$㉠에서 $999x = 1424$
즉, 가장 편리한 식은 $1000x - x$이다.

05 **정답** ④
풀이
$0.\dot{2}\dot{3} = \dfrac{23}{99} = A \times \dfrac{23}{100}, \dfrac{1}{99} = A \times \dfrac{1}{100}, A = \dfrac{100}{99}$

$\therefore A = 1.\dot{0}\dot{1}$

06 **정답** ③
풀이
ㄱ. $\dfrac{3}{4} = 0.75$ ㄷ. $0.7\dot{9} = 0.7999 \cdots$

ㄹ. $0.\dot{7}\dot{9} = 0.797979 \cdots$

$\therefore \dfrac{3}{4} \langle 0.\dot{7}\dot{9} \langle 0.7\dot{9} \langle 0.81$

07 정답 ④

풀이

$$0.2\dot{4} - 0.1\dot{6} = \frac{24}{99} - \frac{16}{99} = \frac{8}{99} = 0.0\dot{8}$$

08 정답 $0.\dot{4}2\dot{4}$

풀이

$$A = 0.\dot{6} - 0.\dot{2}4\dot{2} = \frac{6}{9} - \frac{242}{999}$$

$$= \frac{666 - 242}{999} = \frac{424}{999} = 0.\dot{4}2\dot{4}$$

09 정답 ⑤

풀이

$$\frac{A}{450} = \frac{A}{2 \times 3^2 \times 5^2} \text{이므로}$$

A는 $3^2 = 9$의 배수이고,

$40 < A < 50$이므로 $A = 45$이다.

따라서, $\frac{45}{450} = \frac{1}{10}$이므로 $B = 10$

$$\therefore A - B = 45 - 10 = 35$$

10 정답 ⑤

풀이

a가 될 수 있는 수는 다음 여러가지 중의 하나로 소인수분해되어야 한다.

$2, 5, 2^{(\ )} \times 5^{(\ )}, 2^{(\ )} \times 7^{(\ )}, 2 \times 5^{(\ )} \times 7$

이 중 두 자리의 정수가 되는

가장 큰 경우만 나타내면

$2^6 = 64, 5^2 = 25, 2^4 \times 5 = 80, 2^3 \times 7 = 56,$

$5 \times 7 = 35, 2 \times 5 \times 7 = 70$

따라서, a가 될 수 있는 가장 큰 두 자리의 정수는 80이다.

11 정답 3

풀이

$\frac{35}{111} = \frac{315}{999} = 0.\dot{3}1\dot{5}$이므로 순환마디의 숫자는 3개이고 $100 = 3 \times 33 + 1$이므로 소수점 아래 100번째 자리에 오는 숫자는 315의 첫 번째 수인 3이다.

Ⅱ-1.-01

🎲 **필수예제**

정답 (1) x^7 (2) a^6
   (3) x^6 (4) a^{12}

풀이

(1) $x^3 \times x^4 = x^{3+4} = x^7$

(2) $a^2 \times a \times a^3 = a^3 \times a^3 = a^6$

(3) $(x^2)^3 = x^{2\times3} x^6$

(4) $(a^3)^4 = a^{3\times4} = a^{12}$

🔅 **확인유제 01**

정답 (1) a^6 (2) $x^7 y^3$
   (3) x^{10} (4) a^{10}

풀이

(1) $a \times a^2 \times a^3$
$= a^{1+2} \times a^3 = a^3 \times a^3 = a^{3+3} = a^6$

(2) $x^3 \times y^2 \times x^4 \times y$
$= x^3 \times x^4 \times y^2 \times y = x^{3+4} y^{2+1} = x^7 y^3$

(3) $(x^2)^5 = x^{2\times5} = x^{10}$

(4) $(a^3)^2 \times a^4 = a^{3\times2} \times a^4 = a^{6+4} = a^{10}$

🔅 **확인유제 02**

정답 (1) a=3, b=4
   (2) a=3, b=2

풀이

(1) $x^6 \times y^a \times x^b \times y = x^{6+b} y^{a+3}$
$6 + b = 10, a + 3 = 6$
$\therefore a = 3, b = 4$

(2) $(x^4)^a \times (y^b)^5 = x^{4a} y^{5b} = x^{12} y^{10}$
$4a = 12, 5b = 10$
$\therefore a = 3, b = 2$

Ⅱ-1.-02

🎲 **필수예제**

정답 (1) x^2 (2) a^4
   (3) a^5 (4) a^3

풀이

(1) $x^4 \div x^2 = x^{4-2} = x^2$

(2) $a^9 \div a^2 \div a^3 = a^{9-2} \div a^3 = a^7 \div a^3 = a^4$

(3) $(a^3)^3 \div (a^2)^2 = a^9 \div a^4 = a^5$

(4) $\left(\dfrac{a^2}{a} \right)^3 = (a^{2-1})^3 = a^3$

🔅 **확인유제 01**

정답 (1) 1 (2) $\dfrac{1}{x^2}$ (3) x^4

풀이

(1) $x^6 \div (x^2)^3 = x^6 \div x^6 = 1$

(2) $x^8 \div x^3 \div x^7 = x^{8-3} \div x^7 = x^5 \div x^7$
$= \dfrac{1}{x^{7-5}} = \dfrac{1}{x^2}$

(3) $(x^5)^2 \div (x^3)^2 = x^{10} \div x^6 = x^{10-6} = x^4$

필수예제

정답 (1) a^6b^2　　(2) $16x^8$　　(3) $\dfrac{9b^4}{a^2}$

풀이

(1) $(a^3b)^2 = a^{3\times2}b^2 = a^6b^2$

(2) $(-2x^2)^4 = (-2)^4(x^2)^4 = 16x^8$

(3) $\left(\dfrac{3b^2}{a}\right)^2 = \dfrac{3^2b^{2\times2}}{a^2} = \dfrac{9b^4}{a^2}$

확인유제 01

정답 (1) x^6y^9　　(2) $16x^8$

　　　　(3) $\dfrac{x^5}{y^{15}}$　　(4) $\dfrac{27}{x^9}$

풀이

(1) $(x^2)^3(y^3)^3 = x^6y^9$

(2) $2^4(x^2)^4 = 16x^8$

(3) $\dfrac{x^5}{(y^3)^5} = \dfrac{x^5}{y^{15}}$

(4) $\dfrac{3^3}{(x^3)^3} = \dfrac{27}{x^9}$

필수예제

정답 (1) $6x^5$　　(2) $-6a^5$　　(3) $6x^3$

풀이

(1) $2x^3 \times 3x^2 = 6x^5$

(2) $3a^2 \times (-2a^3) = -6a^5$

(3) $(-2x) \times (-3x^2) = 6x^3$

확인유제 01

정답 (1) $-6x^2y^3$　　(2) $-8x^3y$

　　　　(3) $45a^5$　　(4) $-16a^{14}b^3$

풀이

(1) $2\times(-3)\times x^2\times y^3 = -6x^2y^3$

(2) $(-10)\times\dfrac{4}{5}\times x^3\times y = -8x^3y$

(3) $5a^3\times 9a^2 = 5\times9\times a^3\times a^2 = 45a^5$

(4) $-a^6b^3\times16a^8 = (-1)\times16\times a^6\times a^8\times b^3$
$= -16a^{14}b^3$

필수예제

정답 (1) $\dfrac{2}{x^2}$　　(2) $-\dfrac{x}{2}$　　(3) $\dfrac{2}{x}$

풀이

(1) $4x^2 \div 2x^4 = \dfrac{4x^2}{2x^4} = \dfrac{2}{x^2}$

(2) $(-2x^2) \div 4x = \dfrac{-2x^2}{4x} = -\dfrac{x}{2}$

(3) $(-4x^2) \div (-2x^3) = \dfrac{-4x^2}{-2x^3} = \dfrac{2}{x}$

확인유제 01

정답 (1) $\square = 2$　　(2) $\square = 2$

풀이

(1) a의 자수를 비교하면 $3\times\square = 6$
∴ $\square = 2$

(2) x의 자수를 비교하면 $5\times\square - 2\times\square = 6$
∴ $\square = 2$

확인유제 02

정답 $\dfrac{4}{x^3y^2}$

풀이

(1) $4x^4y^6 \div x^4y^2 \div x^3y^6 = \dfrac{4x^4y^6}{x^4y^2} \div x^3y^6$

$= 4y^4 \div x^3y^6 = \dfrac{4y^4}{x^3y^6} = \dfrac{4}{x^3y^2}$

필수예제

정답 (1) $\dfrac{2xy}{3}$　　(2) $-\dfrac{a}{b^3}$

풀이

(1) (주어진 식)
$= \dfrac{8}{27}x^3y^3 \times \dfrac{1}{4x^4y^6} \times 9x^2y^4 = \dfrac{2xy}{3}$

(2) (주어진 식)
$= (-2a^3b) \times 9a^2b^2 \times \dfrac{1}{a^2b^4} \times \dfrac{1}{18a^2b^2} = -\dfrac{a}{b^3}$

확인유제 01

정답 $-\dfrac{9}{4a^5}$

$(6ab^3)^2 \div (2a^3b)^2 \div (-4ab^4)$

$= 36a^2b^6 \times \dfrac{1}{4a^6b^2} \times \dfrac{1}{-4ab^4} = -\dfrac{9}{4a^5}$

확인유제 02

정답 (1) a (2) $\dfrac{1}{x^3}$

(3) $4a^3b^2$ (4) $\dfrac{16}{y}$

풀이

(3) (주어진 식)

$= \dfrac{24a^4b^3}{6ab} = \dfrac{24}{6} \times \dfrac{a^4}{a} \times \dfrac{b^3}{b} = 4a^3b^2$

(4) (주어진 식)

$= 12xy^2 \times \dfrac{4}{y^2} \times \dfrac{1}{3xy} = \dfrac{48xy^2}{3xy^3}$

$= \dfrac{48}{3} \times \dfrac{x}{x} \times \dfrac{y^2}{y^3} = \dfrac{16}{y}$

Ⅱ-1. 개념다지기 문제

01 **정답** ③

풀이

$2^{16} \times 5^{20} = 2^{16} \times 5^{10} \times 5^4 = (2 \times 5)^{16} \times 5^4.$

$= 625 \times 10^{16} = 625 \times 10^{16} = 6.25 \times 10^{18}$

따라서, 19자리의 자연수이다.

02 **정답** ①

풀이

$(2^x \cdot 3^y \cdot 5^z)^m = 2^{mx} \cdot 3^{my} \cdot 5^{mz}$에서

$mx = 6, my = 8, mz = 12$

따라서, m은 6, 8, 12의 최대공약수인 2이다.

03 **정답** 4

풀이

$15 + 2 \times m = 19, 2 \times m = 4$에서 $m = 2$

$n \times 4 - 6 = 2, 4 \times n = 8$에서 $n = 2$

$\therefore m + n = 2 + 2 = 4$

04 **정답** ④

풀이

$4^{11} = (2^2)^{11} = 2^{22} = (2^5)^4 \cdot 2^2 = a^4 \cdot 2^2 = 4a^4$

05 **정답** ③

풀이

$x^{20} < 3^{30}$에서 $(x^2)^{10} < (3^3)^{10}$ $\therefore x^2 < 3^3 = 27$

따라서 27보다 작은 최대의 완전제곱수는 $25 = 5^2$

$\therefore x = 5$

06 **정답** ④

07 **정답** 0

풀이

$2^m(2^n - 1) = 2^3 \times 7$에서 $2^m = 2^3, 2^n - 1 = 7$

$\therefore m = 3, n = 3$

$\therefore m + n = 6$

풀이

n이 홀수이므로 n+1, 2n은 짝수, n+2는 홀수이다.

따라서,

$(-1)^{n+1} = 1, (-1)^n = -1, (-1)^{2n} = 1, (-1)^{n+2} = -1$

$\therefore (-1)^{n+1} \times (-1)^n - (-1)^{2n} \times (-1)^{n+2}$

$= 1 \times (-1) - 1 \times (-1) = 0$

08 **정답** (1) $-2x^7$ (2) $-4x^9$ (3) $-8a^{18}$

풀이

(1) $x^3 \times 2x^2 \times (-x^2) = -2x^7$

(2) $(-x^3) \times (2x^3)^2 = -x^3 \times 4x^6 = -4x^9$

(3) $(-2a^2)^3 \times (-a^2)^2 \times (-a^4)^2$

$= -8a^6 \times a^4 \times a^8 = -8a^{18}$

09 **정답** (1) $\dfrac{4}{3}ab$ (2) $\dfrac{y^5}{x^5}$

(3) $-\dfrac{27}{32}x$ (4) $-243x^4y$

풀이

(1) $\dfrac{12a^3b^3}{9a^2b^2} = \dfrac{4}{3}ab$

(2) $\dfrac{x^4y^8}{x^9y^3} = \dfrac{y^5}{x^5}$

(3) $\dfrac{(-3x^2)^3}{(2x)^5} = \dfrac{-27x^6}{32x^5} = -\dfrac{27}{32}x$

(4) $(-27x^6y^3) \div \dfrac{1}{9}x^2y^2$

$= (-27x^6y^3) \times \dfrac{9}{x^2y^2} = -243x^4y$

10 **정답** $3b\,cm$

풀이

$4a \times 4a \times (높이) = 48a^2b, 16a^2 \times (높이) = 48a^2b$

$\therefore (높이) = \dfrac{48a^2b}{16a^2} = 3b(cm)$

11 **정답** ③

풀이

$\left(\dfrac{4}{5}xy\right)^2 \times \square \div \left(\dfrac{3}{5}x^3y\right) = \dfrac{4}{5}y^2$

$\square \div \dfrac{3xy}{5} = \dfrac{16x^2y^2}{25} \times \square \times \dfrac{5}{3x^3y} = \dfrac{16y}{15x} \times \square = \dfrac{4}{5}y^2$

$\therefore \square = \dfrac{4}{5}y^2 \div \dfrac{16y}{15x} = \dfrac{4}{5}y^2 \times \dfrac{15x}{16y} = \dfrac{3}{4}xy$

12 **정답** (1) $6ax^2$ (2) $\dfrac{2a^2x}{by}$ (3) $\dfrac{b}{a}$

풀이

(1) (주어진 식) $= 4ax^2 \times 9x^2 \div 6x^2 = \dfrac{36ax^4}{6x^2} = 6ax^2$

(2) (주어진 식) $= \dfrac{-6a^2xy}{-3by^2} = \dfrac{2a^2x}{by}$

(3) (주어진 식) $= \dfrac{-2ab^2}{-8a^3b^3} \times 4ab^2 = \dfrac{-8a^2b^4}{-8a^3b^3} = \dfrac{b}{a}$

Ⅱ-2.-01

필수예제

정답 (1) $-x+2y$
(2) $4a-5b+2$
(3) $5x+5y$
(4) $5a-2b+1$

풀이

(1) (주어진 식)
$=-2x+5y+x-3y=-x+2y$

(2) (주어진 식)
$=3a-2b+4+a-3b-2=4a-5b+2$

(3) (주어진 식)
$=7x+4y-2x+y=5x+5y$

(4) (주어진 식)
$=2a+5b-7+3a-7b+8=5a-2b+1$

확인유제 01

정답 $x-3y,\ 3y,\ 4x+y$

풀이

$5x-2y-\{y+(x-4y)\}$
$=5x-2y-(y+x-4y)$
$=5x-2y-(x-3y)$
$=5x-2y-x+3y$
$=(5x-x)+(-2y+3y)$
$=4x+y.$

Ⅱ-2.-02

필수예제

정답 (1) $-x^2-3x+4$ (2) $8x^2-3x-1$

풀이

(1) (주어진 식)
$=5x^2-x+2-6x^2-2x+2$
$=-x^2-3x+4$

(2) (주어진 식)
$=6x^2-2x-2+2x^2-x+1$
$=8x^2-3x-1$

확인유제 01

정답 $-2x^2+5x-3$

풀이

$\boxed{}$
$=5x^2-4x+9-(7x^2-9x+12)$
$=5x^2-4x+9-7x^2+9x-12$
$=5x^2-7x^2-4x+9x+9-12$
$=-2x^2+5x-3$

확인유제 02

정답 $2x-5y$

풀이

$4x-3y-\boxed{}=2x+2y$
$\therefore \boxed{}$
$=4x-3y(2x+2y)$
$=4x-3y-2x-2y=2x-5y$

Ⅱ-2.-03

필수예제

정답 (1) $6a^2-2ab$ (2) $6x^3-6x^2-2x$
(3) $2+3b$ (4) $3x+4y$

풀이

(1) $2a(3a-b)=6a^2-2ab$

(2) $2x(3x^2-3x-1)=6x^3-6x^2-2x$

(3) $(2a+3ab)\div a=\dfrac{2a+3ab}{a}=2+3b$

(4) $(12x+16y)\div 4=\dfrac{12x+16y}{4}$
$=3x+4y$

확인유제 01

정답 (1) $2x+4$
(2) $-6x+9$
(3) $-2x^2+x+3$

풀이

(1) $(4x^2+8x)\div 2x=\dfrac{4x^2+8x}{2x}=2x+4$

(2) $(2x^2-3x)\div\left(-\dfrac{x}{3}\right)$
$=(2x^2-3x)\times\left(-\dfrac{3}{x}\right)=-6x+9$

(3) $(6x^4-3x^3-9x^2)\div(-3x^2)$
$=\dfrac{6x^4-3x^3-9x^2}{-3x^2}=-2x^2+x+3$

필수예제

정답 ⑤

풀이

$$\frac{4x-y}{3}-\frac{x-6y}{6}$$
$$=\frac{2(4x-y)}{6}-\frac{x-6y}{6}=\frac{8x-2y-(x-6y)}{6}$$
$$=\frac{8x-2y-x+6y}{6}=\frac{7x+4y}{6}$$

 **확인유제 01**

정답 $\dfrac{-7x-6y}{12}$

풀이

(주어진 식)
$$=\frac{3(3x-2y)-4(4x+3y)+12y}{12}$$
$$=\frac{9x-6y-16x-12y+12y}{12}=\frac{-7x-6y}{12}$$

 **확인유제 02**

정답 $\dfrac{5x-10y}{6}$

풀이

$$\frac{3x-2y}{2}-2x+\frac{4x-2y}{3}$$
$$=\frac{9x-6y-12x+8x-4y}{6}=\frac{5x-10y}{6}$$

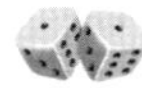 **필수예제**

정답 (1) 4　　　　(2) 23

풀이

(1) $2x+3y-1$
$$=2\times(-2)+3\times3-1=-4+9-1=4$$
(2) $2x^2-xy+y^2$
$$=2\times(-2)^2-(-2)\times3+3^2$$
$$=8+6+9=23$$

확인유제 01

정답 (1) $7x-1$　　　　(2) $-7x+6$

풀이

(주어진 식)
$$=3x+2(2x-1)+1$$
$$=3x+4x-2+1=7x-1$$
(주어진 식)
$$=-3x-2(2x-1)+4$$
$$=-3x-4x+2+4=-7x+6$$

확인유제 02

정답 $x-3y^3$

풀이

$$A\div3B=\frac{A}{3B}=\frac{6x^2y-18xy^4}{6xy}=x-3y^3$$

 **필수예제**

정답 (1) $y=3-\dfrac{3}{4}x$

(2) $b=\dfrac{1}{6}a+2$

(3) $a=2k-b-c$

(4) $t=\dfrac{C-S}{4-a}$

풀이

(1) $4y=12-3x$에서　$y=3-\dfrac{3}{4}x$

(2) $-6b=-a-12$에서　$b=\dfrac{1}{6}a+2$

(3) $2k=a+b+c$에서　$a=2k-b-c$

(4) $4t-at=C-S,\ (4-A)t=C-S$에서
　$t=\dfrac{C-S}{4-a}$

확인유제 01

정답 $a=\dfrac{2S}{h}$

풀이

$S=\dfrac{1}{2}ah$이므로　$a=S\div\dfrac{h}{2}=S\times\dfrac{2}{h}$

 **필수예제**

정답 (1) $y = \dfrac{1}{5}x$ (2) $y = -\dfrac{1}{6}x$

풀이

(1) $3(x+y) = 2(2x-y)$, $3x+3y = 4x-2y$,
$5y = x$
$\therefore\ y = \dfrac{1}{5}x$

(2) $3(x-2y) = 4x$, $3x-6y = 4x$,
$-6y = x$
$\therefore\ y = -\dfrac{1}{6}x$

 **확인유제 01**

정답 (1) $\dfrac{1}{2}$ (2) $\dfrac{3}{5}$

풀이

(1) $\dfrac{b}{a} = \dfrac{b}{2b} = \dfrac{1}{2}$

(2) $\dfrac{a^2-b^2}{a^2+b^2} = \dfrac{(2b)^2-b^2}{(2b)^2+b^2} = \dfrac{4b^2-b^2}{4b^2+b^2} = \dfrac{3b^2}{5b^2} = \dfrac{3}{5}$

확인유제 02

정답 $\dfrac{6}{13}$

풀이

$3x = 2y$ 에서 $x = \dfrac{2}{3}y$ 이므로

$\dfrac{xy}{x^2+y^2} = \dfrac{2}{3}y^2 \div \left(\dfrac{4}{9}y^2 + y^2\right) = \dfrac{2}{3} \div \dfrac{13}{9} = \dfrac{6}{13}$

Ⅱ-2. 개념다지기 문제

01 **정답** $4a-b$

풀이

(주어진 식)
$= 5a - \{4b - 2a - (a-4a+3b)\}$
$= 5a - \{4b - 2a - (-3a+3b)\}$
$= 6a - (4b - 2a + 3a - 3b)$
$= 5a - (a+b) = 5a - a - b = 4a - b$

02 **정답** ⑤

풀이

어떤 식을 A라 하면
$A - (-2x^2+3x-2) = 6x^2+4x-3$에서
$A = 6x^2+4x-3+(-2x^2+3x-2) = 4x^2+7x-5$

이므로
$A + (-2x^2+3x-2)$
$= 4x^2+7x-5-2x^2+3x-2 = 2x^2+10x-7$

03 **정답** (1) $6a^2-4ab+2a$ (2) $2x^2-7xy-2y^2$
  (3) $-2a+4b$ (4) $-8x^2+16x-24y$

풀이

(주어진 식) $= 6a^2-4ab+2a$

(주어진 식)
$= 2x^2-xy-6xy-2y^2 = 2x^2-7xy-2y^2$

(주어진 식)
$= \dfrac{6a^2-12ab}{-3a} = \dfrac{6a^2}{-3a} + \dfrac{-12ab}{-3a} = -2a+4b$

(주어진 식)
$= \dfrac{(-6x^2y+12xy-18y^2)\times 4}{3y} = -8x^2+16x-24y$

04 **정답** $5x-y$

05 **정답** -18

풀이

(주어진 식)
$= -4x^2-x+3-2x^2+1 = -6x^2-x+4$

$x = -2$를 대입하면
$-6\times(-2)^2-(-2)+4 = -24+2+4 = -18$

06 **정답** $\dfrac{5}{3}x - \dfrac{3}{4}y$

풀이

$\left(x-\dfrac{1}{2}y\right) - \left(-\dfrac{2}{3}x+\dfrac{1}{4}y\right) = x - \dfrac{1}{2}y + \dfrac{2}{3}x - \dfrac{1}{4}y$

$= \left(1 + \dfrac{2}{3}\right)x + \left(-\dfrac{1}{2} - \dfrac{1}{4}\right)y = $

07 **정답** $-\dfrac{3}{4}x^2y - \dfrac{73}{8}xy^2 + \dfrac{17}{4}xy$

풀이

괄호를 풀어 전개하면
(준식)$=$
$-2x^2y - 9xy^2 + 4xy + \dfrac{5}{4}x^2y - \dfrac{1}{8}xy^2 + \dfrac{1}{4}xy$

$= \left(-2+\dfrac{5}{4}\right)x^2y + \left(-9-\dfrac{1}{8}\right)xy^2 + \left(4+\dfrac{1}{4}\right)xy$

$= -\dfrac{3}{4}x^2y - \dfrac{73}{8}xy^2 + \dfrac{17}{4}xy$

08 **정답** $x = a-b+c$

풀이

$\dfrac{x+y}{2} = a$, $\dfrac{y+z}{x} = b$, $\dfrac{z+x}{2} = c$

세 식을 더하면 $x+y+z = a+b+c$
$x = a+b+c-(y+z)$
$= a+b+c-2b = a-b+c$

09 정답 $x = \dfrac{3y}{y^2 - 7y + 3}$

풀이

$x(y^2 + 3) = 3y(2x + 1), \ xy^2 - xy + 3x = 6xy + 3y, \ xy^2 - 7xy + 3x = 3y,$

$(y^2 - 7y + 3)x = 3y$

$\therefore x = \dfrac{3y}{y^2 - 7y + 3}$

10 정답 ⑤

풀이

$(x - 2y) : (3x - 5) = 2 : 1$에서

$2(3x - 5) = x - 2y, \ 6x - 10 = x - 2y$

$2y = x - 6x + 10, \ 2y = -5x + 10$

$\therefore y = -\dfrac{5}{2}x + 5$

11 정답 ④

풀이

$x : y = 2 : 3$에서 $3x - 2y \qquad \therefore y = \dfrac{3}{2}x$

12 정답 ⑤

풀이

$\dfrac{1 - 5b}{2a - 3b} = 2$에서 $a - 5b = 4a - 6b, \ b = 3a$

$\therefore a : b = 1 : 3$

 Ⅱ-3.-01

필수예제

정답 (1) $-6a^2 + 5ab - b^2$

(2) $5x^2 - 7xy + 2y^2 + x - y$

풀이

(1) $(3a - b)(-2a + b)$
$= -6a^2 + 3ab + 2ab - b^2$
$= -6a^2 + 5ab - b^2$

(2) $(x - y)(5x - 2y + 1)$
$= 5x^2 - 2xy + x - 5xy + 2y^2 - y$
$= 5x^2 - 7xy + 2y^2 + x - y$

확인유제 01

정답 $a = 6, b = 23, c = 21$

풀이

$ax^2 + bx + c = (3x + 7)(2x + 3)$
$= 6x^2 + 9x + 14x + 21$
$= 6x^2 + 23x + 21$

$\therefore a = 6, b = 23, c = 21$

 확인유제 02

정답 ②

풀이

$(x + y - 2)(x - 3y) = x^2 - 3xy + xy - 3y^2 - 2x + 6y$
$\qquad\qquad\qquad\quad = x^2 - 2xy - 3y^2 - 2x + 6y$

$\therefore xy$의 계수는 -2

Ⅱ-3.-02

필수예제

정답 (1) $25x^2 + 20xy + 4y^2$

(2) $9a^2 - 24a + 16$

풀이

(1) $(5x + 2y)^2 = (5x)^2 + 2 \times 5x \times 2y + (2y)^2$
$\qquad\qquad\quad = 25x^2 + 20xy + 4y^2$

(2) $(3a - 4)^2 = (3a)^2 - 2 \times (3a) \times 4 + 4^2$
$\qquad\qquad\quad = 9a^2 - 24a + 16$

확인유제 01

정답 $\dfrac{1}{4}$

풀이

$\left(2x + \dfrac{1}{2}\right)^2 = (2x)^2 + 2 \times 2x \times \dfrac{1}{2} + \left(\dfrac{1}{2}\right)^2$

$\qquad\qquad\qquad = 4x^2 + 2x + \dfrac{1}{4}$

 확인유제 02

정답 $A = -3, B = 9$

풀이

$(2x + A)^2 = (2x)^2 + 2 \times 2x \times A + A^2$
$\qquad\qquad = 4x^2 + 4Ax + A^2 = 4x^2 - 12x + B$

$4A = -12, \ \therefore A = -3$
$A^2 = B, \ \therefore B = 9$

Ⅱ-3.-03

필수예제

정답 (1) $9a^2 - 4$

(2) $x^2 - 25y^2$

풀이

(1) $(3a - 2)(3a + 2) = (3a)^2 - 2^2$
$\qquad\qquad\qquad\quad = 9a^2 - 4$

(2) $(-x + 5y)(-x - 5y) = (-x)^2 - (5y)^2$
$\qquad\qquad\qquad\qquad = x^2 - 25y^2$

◆ 확인유제 01

정답 x^4-16

풀이

$(x-2)(x+2)(x^2+4)=(x^2-4)(x^2+4)$
$=x^4-16$

◆ 확인유제 02

정답 (1) 11　　(2) -7
　　　　(3) -9　　(4) -30

풀이

(1) $(2\sqrt{3}-1)(2\sqrt{3}+1)$
$=(2\sqrt{3})^2-1^2=12-1=11$

(2) $(\sqrt{5}+2\sqrt{3})(\sqrt{5}-2\sqrt{3})$
$=(\sqrt{5})^2-(2\sqrt{3})^2=5-12=-7$

(3) $(-3+3\sqrt{2})(-3-3\sqrt{2})$
$=(-3)^2-(3\sqrt{2})^2=9-18=-9$

(4) $(-2\sqrt{5}-5\sqrt{2})(-2\sqrt{5}+5\sqrt{2})$
$=(-2\sqrt{5})^2-(5\sqrt{2})^2=20-50=-30$

Ⅱ-3.-04

🎲 필수예제

정답 (1) x^2+5x+6
　　　(2) a^2-x-20
　　　(3) $x^2+4xy-12y^2$

풀이

(1) $(x+2)(x+3)=x^2+(2+3)x+2\times3$
$=x^2+5x+6$

(2) $(a+4)(a-5)=a^2+(4-5)x+4\times(-5)$
$=a^2-x-20$

(3) $(x-2y)(x+6y)=x^2+(6-2)xy+(-2y)\times6y$
$=x^2+4xy-12y^2$

◆ 확인유제 01

정답 (1) $x^2+10x+21$ (2) a^2-a-2
　　　(3) $x^2-3x-10$ (4) $a^2-3ab+2b^2$

풀이

(1) $(x+7)(x+3)=x^2+(7+3)x+7\times3$
$=x^2+10x+21$

(2) $(a+1)(a-2)=a^2+(1-2)a+1\times(-2)$
$=a^2-a-2$

(3) $(x-5)(x+2)=x^2+(2-5)x+(-5)\times2$
$=x^2-3x-10$

(4) $(a-2b)(a-b)=a^2+(-1-2)ab+(-2b)\times(-b)$
$=a^2-3ab+2b^2$

◆ 확인유제 02

정답 $x^2-xy-8y^2$

풀이

$2(x-3y)(x+y)-(x-2y)(x-y)$
$=2(x^2-2xy-3y^2)-(x^2-3xy+2y^2)$
$=x^2-xy-8y^2$

Ⅱ-3.-05

🎲 필수예제

정답 $24+\sqrt{6}$

풀이

$(3\sqrt{3}-2\sqrt{2})(4\sqrt{3}+3\sqrt{2})$
$=(3\sqrt{3})\times(4\sqrt{3})+(3\sqrt{3})\times(3\sqrt{2})$
$\quad+(-2\sqrt{2})\times(4\sqrt{3})+(-2\sqrt{2})\times(3\sqrt{2})$
$=36+9\sqrt{6}-8\sqrt{6}-12$
$=24+\sqrt{6}$

◆ 확인유제 01

정답 $2x^2+x-6$

풀이

$(2x-3)(x+2)$
$=(2\times1)x^2+(2\times2-3\times1)x+(-3)\times2$
$=2x^2+x-6$

◆ 확인유제 02

정답 4

풀이

$(5x-y)(-2x+3y)$
$=5x\times(-2x)+\{5\times3+(-1)\times(-2)\}xy+(-y)(3y)$
$=-10x^2+17xy-3y^2$
$A=-10,\ B=17,\ C=-3$
$\therefore A+B+C=(-10)+17+(-3)=4$

Ⅱ-3. 개념다지기 문제

01 **정답** ①

풀이

$(2-3\sqrt{2})(3\sqrt{2}+4)$
$=2\times(3\sqrt{2})+2\times4+(-3\sqrt{2})\times(3\sqrt{2})+(-3\sqrt{2})\times4$
$=6\sqrt{2}+8-18-12\sqrt{2}$
$=-10-6\sqrt{2}$
$a=-10,\ b=-6$
$\therefore a+b=(-10)+(-6)=-16$

02 **정답** ①

풀이

$$(3-2\sqrt{3})(x-4\sqrt{3})$$
$$=3x-12\sqrt{3}-2x\sqrt{3}+24$$
$$=3x+24-(12+2x)\sqrt{3}$$
$$12+2x=0 \qquad \therefore x=-6$$

03 **정답** (1) $4x^2-\dfrac{4}{5}x+\dfrac{1}{25}$ (2) $x^2-\dfrac{2}{3}x+\dfrac{1}{9}$

(3) $9x^2+6xy+y^2$ (4) $\dfrac{a^2}{4}+\dfrac{ab}{3}+\dfrac{b^2}{9}$

풀이

(1) $\left(2x-\dfrac{1}{5}\right)^2=(2x)^2-2\times 2x\times\left(\dfrac{1}{5}\right)+\left(\dfrac{1}{5}\right)^2$
$$=4x^2-\dfrac{4}{5}x+\dfrac{1}{25}$$

(2) $\left(-x+\dfrac{1}{3}\right)^2=(-x)^2+2\times(-x)\times\dfrac{1}{3}+\left(\dfrac{1}{3}\right)^2$
$$=x^2-\dfrac{2}{3}x+\dfrac{1}{9}$$

(3) $(-3x-y)^2=(-3x)^2-2\times(-3x)\times y+y^2$
$$=9x^2+6xy+y^2$$

(4) $\left(\dfrac{a}{2}+\dfrac{b}{3}\right)^2=\left(\dfrac{a}{2}\right)^2+2\times\dfrac{a}{2}\times\dfrac{b}{3}+\left(\dfrac{b}{3}\right)^2$
$$=\dfrac{1}{4}a^2+\dfrac{1}{3}ab+\dfrac{1}{9}b^2$$

04 **정답** ①

풀이

$$(a+b)^2-(a-b)^2-4ab$$
$$=a^2+2ab+b^2-(a^2-2ab+b^2)-4ab$$
$$=a^2-a^2+2ab+2ab-4ab+b^2-b^2$$
$$=0$$

05 **정답** ②

풀이 $x^2-xy+y^2=(x+y)^2-3xy$
$$=(2\sqrt{2})^2-3\times 2$$
$$=8-6=2$$

06 **정답** (1) $16x^2-4$ (2) $-9x^2+1$

(3) $4x^2-9y^2$ (4) $9x^2-\dfrac{1}{4}$

풀이

(1) $(4x)^2-2^2=16x^2-4$

(2) $-(3x)^2+1=-9x^2+1$

(3) $(-2x)^2-(3y)^2=4x^2-9y^2$

(4) $(3x)^2-\left(\dfrac{1}{2}\right)^2=9x^2-\dfrac{1}{4}$

07 **정답** ④

풀이
$$(3\sqrt{2})^2-(\sqrt{5})^2=18-5=13$$

08 **정답** (1) x^4-16

(2) $a^8-6561b^8$

풀이

(1) $(x-2)(x+2)(x^2+4)=(x^2-4)(x^2+4)$
$$=x^4-16$$

(2) $(a-3b)(a+3b)(a^2+9b^2)(a^4+81b^4)$
$$=(a^2-9b^2)(a^2+9b^2)(a^4+81b^4)$$
$$=(a^4-81b^4)(a^4+81b^4)$$
$$=a^8-6561b^8$$

09 **정답** x^2+x-12

풀이

어두운 부분의 가로를 $x-3$, 세로를 $x+4$
어두운 부분의 넓이는 $(x-3)(x+4)=x^2+x-12$

10 **정답** ③

풀이

어두운 부분의 가로를 $x+2y$, 세로를 $x-3y$
어두운 부분의 넓이를
$$(x+2y)(x-3y)=x^2-xy-6y^2$$

11 **정답** $a=3,\,b=17$

풀이

$$(2x+a)(3x+4)=6x^2+(8+3a)x+4a$$
$$=6x^2+bx+12$$
$$4a=12 \qquad \therefore a=3$$
$$b=8+3a=8+3\times 3=17 \qquad \therefore b=17$$

12 **정답** ③

풀이

ㄱ. $(-a+b)^2$
$$=(-a)^2+2\times(-a)\times b+b^2=a^2-2ab+b^2$$
ㄴ. $(-a+b)(-a-b)$
$$=(-a)^2-b^2=a^2-b^2$$
ㄷ. $(a-b)(a+2b)$
$$=a^2+(2-1)ab-2b^2=a^2+ab-2b^2$$
ㄹ. $(a+b)^2-(a-b)^2$
$$=a^2+2ab+b^2-(a^2-2ab+b^2)$$
$$=4ab$$

필수예제

정답 2

풀이

주어진 식의 우변의 항등을 좌변으로 이항하면
$-x+2y+1=0$이므로
$$a=-1,\,b=2,\,c=1$$
$$\therefore a+b+c=2$$

확인유제 01

정답 $a\neq 1$

풀이

$ax-3y=x-1$에서 $(a-1)x-3y+1=0$
미지수 x,y에 대한 일차방정식이 되려면
$$a-1\neq 0 \qquad \therefore a\neq 1$$

확인유제 02

정답 $4x + 5y = 24$

풀이

사과 x개의 값 : $400 \times x = 400x$(원),
배 y개의 값 : $500 \times y = 500y$(원)
(사과 x개의 값)+(배 y개의 값)=2400(원),
$400x + 500y = 2400$
$\therefore 4x + 5y = 24$

Ⅲ-1.-02

 **필수예제**

정답 ①

풀이

일차방정식 $2x - y = 4$에
순서쌍 $(5, a)$와 $(b+2, 1)$을 각각 대입하면
$10 - a = 4,\ 2(b+2) - 1 = 4$ $\therefore a = 6,\ b = \dfrac{1}{2}$
$\therefore a + 2b = 6 + 2 \times \dfrac{1}{2} = 7$

 **확인유제 01**

정답 풀이참조

풀이

(1) $(1, 4), (2, 3), (3, 2), (4, 1)$
(2) $(1, 3), (4, 2), (7, 1)$
(3) $(2, 7), (4, 4), (6, 1)$
(4) $(1, 2)$

 **확인유제 02**

정답 ③

풀이

③ $2 \times 2 - 1 = 3$ (참)

Ⅲ-1.-03

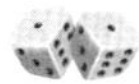 **필수예제**

정답 풀이참조

풀이

미지수가 x가 자연수이므로 $x = 1, 2, 3, \cdots$을 차
례로 대입하여 자연수 y의 값을 구하면 해는
$(1, 5), (2, 3), (3, 1)$의 3개이다.
이것을 그래프로 나타내면 다음 그림과 같다.

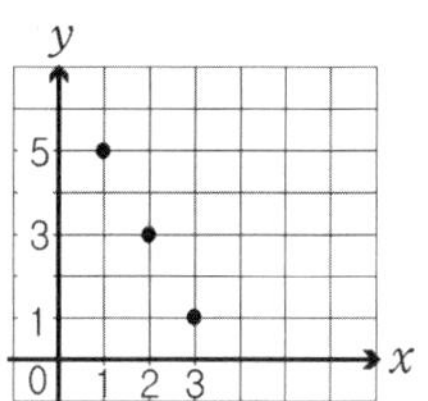

 **확인유제 01**

정답 ②

풀이

$x = 1,\ y = 2$를 대입하여 참이 되는 식을 찾는다.
② $2 = -1 + 3$ (참)

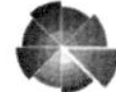 **확인유제 02**

정답 ①

풀이

각 순서쌍을 $2x + 3y = 13$에 대입하여 참인 것
을 찾는다.
① $2 \times 2 + 3 \times 3 = 13$ (참)

Ⅲ-1.-04

 **필수예제**

정답 ①

풀이

두 점 $(2, 0), (0, -3)$을 대입하여 만족하는 것을
찾으면 ① $3x - 2y = 6$이다.

 **확인유제 01**

정답 ①

풀이

그래프 위의 점 $(1, -4)$를 주어진 방정식에 대
입하면 $a = 1 - (-4) = 5$

Ⅲ-1.-05

 **필수예제**

정답 $\begin{cases} x + y = 10 \\ 100x + 200y = 1400 \end{cases}$

풀이

100원짜리와 200원짜리 우표를 합해 모두 10
장을 샀으므로 $x + y$ $\cdots\cdots$ ㉠
또, 우표 값으로 1400 원을 지불하였으므로
$100x + 200y = 1400$ $\cdots\cdots$ ㉡
㉠, ㉡을 쌍으로 하는 연립방정식을 만들면 된다.

정답 (1) $\begin{cases} x+y=10 \\ 100x+250y=1450 \end{cases}$

(2) $\begin{cases} x+y=18 \\ \dfrac{x}{4}+\dfrac{y}{8}=3 \end{cases}$

풀이

(1) 연필의 개수를 x개, 볼펜의 개수를 y개라 하면 $x+y=10$, $100x+250y=1450$

(2) 걸어간 거리를 $x$km, 뛰어간 거리를 $y$km 라 하면 $x+y=18$, $\dfrac{x}{4}+\dfrac{y}{8}=3$

Ⅲ-1. 개념다지기 문제

01 정답 ⑤

풀이

① 미지수가 x뿐이므로 미지수가 1개인 일차방정식이다.

② 우변의 항들을 좌변으로 이항하여 정리하면 $y+1=0$이므로 미지수가 1개인 일차방정식이다.

③ x의 치수가 2이므로 일차방정식이 아니다.

④ 등식이 아니므로 방정식이 아니다.

02 정답 ①

풀이

$x=2, y=9$를 $ax+y-5=0$에 대입하면

$a\times2+9-5=0, 2a+4=0, 2a=-4$

$\therefore a=-2 \quad \therefore -2x+y-5=0$

$y=7$을 $-2x+y-5=0$,

$-2x+2=0, -2x=-2 \quad \therefore x=1$

03 정답 ③

풀이

따라서, 구하는 순서쌍 (x, y)는 5개이다.

04 정답 $(5, 7), (7, 10), (9, 13)$

풀이

$x=5$일 때, $15-2y=1 \quad \therefore y=7$, $x=6$일 때,

$18-2y=1 \quad \therefore y=\dfrac{17}{2}$

$x=7$일 때, $21-2y=1 \quad \therefore y=10$, $x=8$일 때,

$24-2y=1 \quad \therefore y=\dfrac{23}{2}$

$x=9$일 때, $27-2y=1 \quad \therefore y=13$, $x=10$일 때,

$30-2y=1 \quad \therefore y=\dfrac{29}{2}$

따라서, x, y가 모두 자연수인 경우는

$(5, 7), (7, 10), (9, 13)$

05 정답 ①

풀이

일차방정식의 그래프 위에 점의 좌표는 그 방정식의 해가 되므로 $x=2, y=-1$을 방정식에 대입했을 때, 참이 되는 것을 찾는다.

① $3\times2+4\times(-1)=6-4=2$ (참)

06 정답 ②

풀이

그래프의 점들의 좌표는…

$(-2, -1), (-1, 0), (0, 1), (1, 2), (2, 3), \cdots$등이므로 이 중에 $(0, 1)$을 대입하여 참인 것을 찾는다.

② $0+1=1$ (참)

07 정답 풀이참조

풀이

$x>0, y>0$이므로 $2x>0, y>0$이다. $x=1, 2, 3\cdots$차례로 대입해 보면 $x=4$일 때, $2x=8>7$이므로 $2x+y=7$을 만족할 수 없다. 따라서, $x=1, 2, 3$일 때만 해를 갖는다. 그러므로 만족하는 순서쌍은 $(1, 5), (2, 3), (3, 1)$이다.

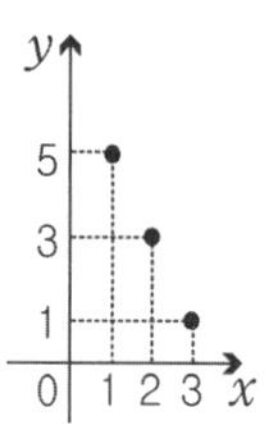

08 정답 3

풀이

그래프가 점 $(3, 2)$를 지나므로 $x=3, y=2$는 주어진 일차방정식의 해이고, 이것을 방정식에 대입하면 $2\times3+a\times2=12, 2a=6 \quad \therefore a=3$

09 정답 -4

풀이

$x=-2, y=2$를 주어진 식에 대입하면

$-2a+6=14, -2a=8 \quad \therefore a=-4$

10 정답 ①

풀이

$4x+ay=8\cdots\cdots㉠$

$bx-y=8㉡$의 해가 $(3, 1)$이므로

$x=3, y=1$을 ㉠에 대입하면 $12+a=8$

$\therefore a=-4$

$x=3, y=1$을 ㉡에 대입하면 $3b-1=8$

$\therefore b=3$

$\therefore ab=(-4)\times3=-12$

11 정답 오리: 2마리, 토끼: 4마리

풀이

오리를 x마리, 토끼를 y마리라 하면

$\begin{cases} x+y=6 \\ 2x+4y=20 \end{cases}$

$x+y=6$의 해는

x	1	2	3	4	5
y	5	4	3	2	1

$2x+4y=20$의 해는

x	2	4	6	8
y	4	3	2	1

이므로

두 방정식을 모두 만족하는 해는 $x=2, y=4$이다. 따라서 오리는 2마리, 토끼는 4마리이다.

12 정답 ②
풀이
② $2+3\times(-1)=-1, 2\times2-(-1)=5$

Ⅲ-2.-01

🎲 필수예제
정답 (1) $x=10, y=-2$
(2) $x=4, y=-\dfrac{5}{2}$

풀이
(1) $2(8-y)+3y=14, y=-2$, $y=-2$를
$x=8-y$에 대입하면 $x=10$
$\therefore x=10, y=-2$
(2) $4x-21=6x-29, 2x=8$에서 $x=4$, $x=4$를
$2y=4x-21$에 대입하면 $2y=-5$
$\therefore x=4, y=-\dfrac{5}{2}$

 확인유제 01
정답 $x=-5, y=-15$
풀이
$y=3x$를 $2x-y=5$에 대입하면
$2x-3x=5, -x=5 \therefore x=-5$
$x=-5$를 $y=3x$에 대입하면
$y=3\times(-5)=-15$

Ⅲ-2.-02

🎲 필수예제
정답 $x=2, y=2$
풀이
$2x+3y=10\cdots\cdots$ ㉠,
$3x-y=4\cdots\cdots$ ㉡
㉠+㉡ $\times$ 을 하면 $11x=22 \therefore x=2$
$x=2$ 를 대입하면 $6x-y=4 \therefore y=2$

 확인유제 01
정답 (1) $x=2, y=3$
(2) $x=1, y=2$
(3) $a=3, b=2$

Ⅲ-2.-03

🎲 필수예제
정답 ③
풀이
$0.2+0.3y=1.2\cdots\cdots$ ㉠,
$\dfrac{1}{2}x+\dfrac{2}{3}y=\dfrac{5}{6}\cdots\cdots$ ㉡
㉠ $\times10$ 을 하면 $2x+3y=12$,
㉡ $\times6$을 하면 $3x+4y=5$
따라서, 주어진 연립방정식과 같은 해를 갖는
것은 ③이다.

✴ 확인유제 01
정답 ①
풀이
방정식 $0.3x+0.4y=1.7$의 양변에 10을 곱하면
$3x+4y=17\cdots\cdots$ ㉠
방정식 $\dfrac{2}{3}x+\dfrac{1}{2}y=3$의 양변에 6을 곱하면
$4x+3y=18\cdots\cdots$ ㉡
㉠ $\times3-$ ㉡ $\times4$를 하면 $-7x=-21 \therefore x=3$
이것을 ㉠ 에 대입하면
$9+4y=17, 4y=8, y=2 \therefore x=3, y=2$

Ⅲ-2.-04

🎲 필수예제
정답 ①
풀이
$2x+3y+8=4x+7y=10$에서
$\begin{cases}2x+3y+8=10\\4x+7y=10\end{cases} \Rightarrow \begin{cases}2x+3y=2 \cdots\cdots ㉠\\4x+7y=10\cdots\cdots ㉡\end{cases}$
㉡$-$㉠$\times2$에서 $y=6, y=6$을 ㉠에 대입하면
$2x+18=2, 2x=-16 \therefore x=-8$
$\therefore x=-8, y=6$

✴ 확인유제 01
정답 (1) $x-y$ (2) $4x+y$ (3) $x-y$
풀이
$A=x-2y, B=4x+y, C=x=y$라고 할 때,
$\begin{cases}A=B\\A=C\end{cases}, \begin{cases}A=B\\B=C\end{cases}, \begin{cases}A=C\\B=C\end{cases}$ 중 하나를 선택하여
푼다.

 **Ⅲ-2.-05**

 **필수예제**

정답 ⑤

풀이

$$\begin{cases} 2x+3y=b \\ 6x+ay=3 \end{cases} \Rightarrow \begin{cases} 6x+9y=3b \\ 6x+ay=3 \end{cases}$$

해가 무수히 많으려면 두 방정식이 일치해야

하므로 $a=9,\ b=1$ $\quad\therefore a-b=8$

 **확인유제 01**

정답 $a=15,\ b\neq9$

풀이

해가 없는 경우는 $\dfrac{1}{3}=\dfrac{-5}{-a}\neq\dfrac{3}{b}$ 따라서

$\therefore a=15,\ b\neq9,$

확인유제 02

정답 해가 없다.

풀이

$$\frac{1}{3}=\frac{1}{3}\neq\frac{5}{7}$$

따라서, 주어진 연립방정식은 해가 없다.

 **Ⅲ-2.-06**

필수예제

정답 아버지 : 43세, 혜빈이 : 13세

풀이

금년의 아버지의 나이를 x,

혜빈이의 나이를 y라 하면

$$\begin{cases} x-3=4(y-3) &\cdots\cdots\ \text{㉠} \\ x+2=3(y+2) &\cdots\cdots\ \text{㉡} \end{cases}$$

㉠-㉡에서 $-5=y-18,\ y=13,\ y=13$을

㉠에 대입하면 $x=43$ 따라서, 금년의 아버지

의 나이는 43세, 혜빈이의 나이는 13세이다.

 **확인유제 01**

정답 걸어간 거리 : 2km,

　　　 뛰어간 거리 : 4km

풀이

걸어간 거리를 x, 뛰어간 거리를 y라고 하면

$$\begin{cases} x+y=6 \\ \dfrac{x}{2}+\dfrac{y}{4}=2 \end{cases}$$ 주어진 연립방정식을 풀면

$x=2,\ y=4$ 따라서 걸어간 거리를 2km, 뛰어

간 거리는 4km이다.

 **Ⅲ-2.-07**

필수예제

정답 8%의 소금물 : 400g ,

　　　 14%의 소금물 :200g

풀이

8%의 소금물을 xg,

14%의 소금물을 yg이라 하면,

$$\begin{cases} x+y=600 \\ \dfrac{8}{100}x+\dfrac{14}{100}y=\dfrac{10}{100}\times600 \end{cases}$$

$$\Rightarrow \begin{cases} x+y=600 &\cdots\cdots\ \text{㉠} \\ 4x+7y=3000 &\cdots\cdots\ \text{㉡} \end{cases}$$

㉠$\times4-$㉡을 대입하면 $-3y=-600$ $\therefore y=200$

$y=200$을 ㉠에 대입하면 $x=400$

확인유제 01

정답 ④

풀이

6% 의 소금물의 양을 xg,

2% 의 소금물의 양을 yg이라 하면

$x+y=300,\ \dfrac{6}{100}x+\dfrac{2}{100}y=\dfrac{5}{100}\times300$

$x+y=300\cdots\cdots$ ㉠$,3x+y=750\cdots\cdots$ ㉡

㉠$-$㉡을 하면 $-2x=-450$ $\therefore x=225$(g)

이것을 ㉠에 대입하면 $y=75$(g)

Ⅲ-2. 개념다지기 문제

01 정답 ③

풀이

$x=1,\ y=2$를 연립방정식에 대입하면 $\begin{cases} 2a-2=4 \\ a+4b=1 \end{cases}$

$\therefore a=3,\ b=-\dfrac{1}{2}$

02 정답 ②

풀이

$y=3x$이므로 $\begin{cases} x+2y=4-a \\ 4x+y=-51 \end{cases}$

$\Rightarrow \begin{cases} x+6x=4-1 \\ 4x+3x=-5a \end{cases} \begin{cases} 7x=4-a &\cdots\cdots\ \text{㉠} \\ 7x=-5a &\cdots\cdots\ \text{㉡} \end{cases}$

㉠, ㉡에서 $4-a=-5a,4a=-4$ $\therefore a=-1$

03 정답 ④

풀이

$\begin{array}{l} -x+2y=2\cdots\cdots\ \text{㉠} \\ \underline{)\ 4x-2y=2\cdots\cdots\ \text{㉡}\times2} \\ \ 3x\qquad\ \ =4\cdots\cdots\ \text{㉠}+\text{㉡}\times2 \end{array}$

04 **정답** 2

풀이

$\begin{cases} ax+by=-1 \\ bx-ay=8 \end{cases}$ 에 $x=3, y=-2$ 를 각각 대입하면

$\begin{cases} 3a-2b=-1 \cdots\cdots ㉠ \\ 3b+2a=8 \cdots\cdots ㉡ \end{cases}$

㉠$\times3+$㉡$\times2$를 하면 $13a=13$ $\therefore b=1$

$a=1$을 ㉡에 대입하면 $3b+2=8$ $\therefore b=2$

$\therefore ab=2$

05 **정답** ①

풀이

$\begin{cases} \dfrac{x}{3}=\dfrac{y+2}{5} \\ 0.1x-0.2y=1.1 \end{cases} \Rightarrow \begin{cases} 5x=3y+6 \\ x-2y=11 \end{cases}$

이 연립방정식을 풀면 $x=-3, y=-7$

06 **정답** $x=3, y=5, z=1$

풀이

연립방정식

$x+y=8 \cdots\cdots ㉠, y+z=6 \cdots\cdots ㉡$에서

㉠$-$㉡을 하면 $x-z=2$

따라서 연립방정식

$x-z=2 \cdots\cdots ㉢, x+z=4 \cdots\cdots ㉣$에서

㉢$+$㉣을 하면 $2x=6$ $\therefore x=3$

$x=3$을 ㉠,㉡에 각각 대입하면

$3+y=8, 3-z=2$ $\therefore y=5, z=1$

따라서, 연립방정식의 해는 $x=3, y=5 \ z=1$이다

07 **정답** 2

풀이

$\dfrac{1}{a}=\dfrac{3}{6}\neq\dfrac{2}{3}$ $\therefore a=2$

08 **정답** ⑤

풀이

4%의 소금물이 xg 7%의 소금물이 yg이면

$\begin{cases} x\times\dfrac{4}{100}+y\times\dfrac{7}{100}=300\times\dfrac{5}{100} \cdots\cdots ㉠ \\ x+y=300 \cdots\cdots ㉡ \end{cases}$

㉠$\times100-$㉡$\times4$에서$3y=300$ $\therefore y=100$

$y=100$을 ㉡에대입하면 $x+100=300$

$\therefore x=200$

따라서, 4%의 소금물 200g과 7%의 소금물 100g을 섞었다.

09 **정답** 배의 속력 : 7.5km/시,
강물의 속력 : 2.5km/시

풀이

배의 속력 $x$km/시 강물의 속력 $y$km / 시라 하면

$(x-y)\times1=5, (x+y)\times\dfrac{30}{60}=5$

이 연립방정식을 풀면 $x=7.5 \ y=2.50$므로 배의 속력 7.5km/시, 강물의 속력 2.5km/시이다.

10 **정답** ③

풀이

1학년의 평균점수를 x, 2학년의 평균 점수를 y, 3학년은 평균 점수를 z라고 하면

$y=x+10, z=y+20, z=2x$

이것을 연립하여 풀면 $x=30, y=40, z=60$

따라서, 전체 평균 점수

$$m=\frac{30\times20+40\times30+60\times50}{20+30+50}=48(점)$$

Ⅳ-1.-01

필수예제

정답 ㄴ,ㄷ,ㅁ

풀이

주어진 부등식에 $x=2$를 대입하면

ㄱ. $2+1<0, 3<0$ $\therefore$ 거짓

ㄴ. $3\times2-5>0, 1>0$ $\therefore$ 참

ㄷ. $-2\times2<4, -4<4$ $\therefore$ 참

ㄹ. $\dfrac{2}{2}-5\geqq2-1, -4\geqq1$ $\therefore$ 거짓

ㅁ. $2\times2-5\leqq2, -1\leqq2$ $\therefore$ 참

확인유제 01

정답 $x=-2$ 또는 $x=-1$

풀이

(ⅰ) $x=-2$일 때,
$3\times(-2)-1=-6-1=-7\leqq-4$ $\therefore$참

(ⅱ) $x=-1$일 때,
$3\times(-1)-1=-3-1=-4\leqq-4$ $\therefore$참

(ⅲ) $x=0$일 때, $3\times0-1=-1>4$ $\therefore$ 거짓

(ⅳ) $x=1$일 때, $3\times1-1=2>-4$ $\therefore$ 거짓

$\therefore x=-2$ 또는 $x=-1$

Ⅳ-1.-02

필수예제

정답 ⑤

풀이

⑤ $a\geqq b$이면 $-\dfrac{a}{2}\leqq-\dfrac{b}{2}(\because -2<0)$

확인유제 01

정답 (1) < (2) <
(3) > (4) <

(1) $a-5$ $\boxed{<}$ $b-5$

(2) $2a+1$ $\boxed{<}$ $ab+1$

(3) $-a+1$ $\boxed{>}$ $-b+1$

(4) $\dfrac{a}{3}-2$ $\boxed{<}$ $\dfrac{b}{3}-2$

Ⅳ-1.-03

 필수예제

정답 풀이참조

풀이

$-\dfrac{5}{3}x\geq$ 의 양변에 $-\dfrac{3}{5}$ 을 곱하면

$-\dfrac{5}{3}x\times\left(-\dfrac{3}{5}\right)\leq 5\times\left(-\dfrac{3}{5}\right)$ $\qquad \therefore x\leq -3$

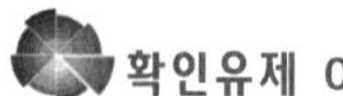
-3

확인유제 01

정답 (1) $x<3$ (2) $x\leq -4$
(3) $x\geq -2$ (4) $x\leq -3$

풀이

(1) $x-2+2<1+2$ $\qquad \therefore x<3$

(2) $\dfrac{1}{4}x\times 4\leq -1\times 4$ $\qquad \therefore x\leq -4$

(3) $3x\times\dfrac{1}{3}\geq -6\times\dfrac{1}{3}$ $\qquad \therefore x\geq -2$

(4) $-\dfrac{5}{3}x\times\left(-\dfrac{3}{5}\right)\leq 5\times\left(-\dfrac{3}{5}\right)$ $\qquad \therefore x\leq -3$

Ⅳ-1.-04

필수예제

정답 (1) $x>-4$ (2) $x\geq\dfrac{8}{5}$
(3) $x>15$ (4) $x\geq -5$

풀이

(1) $5x-2x>-6-6,\ 3x>-12$ $\therefore x>-4$

(2) $3x+2x-2\geq 6,\ 5x\geq 8$ $\therefore x\geq\dfrac{8}{5}$

(3) 양변에 10을 곱하면
$2x-10>x+5,\ 2x-x>5+10$ $\therefore x>15$

(4) 양변에 분모의 최소공배수 6을 곱하면
$4x+1\geq 3x-4,\ 4x-3x\geq -4-1$ $\therefore x\geq -5$

확인유제 01

정답 (1) $x<-3$ (2) $x\leq 2$ (3) $x\leq 3$

풀이

(1) $4x+6-2x<0,\ 2x<-6$ $\quad \therefore x<-3$

(2) $4x+4\leq 18-3x,\ 4x+3x\leq 18-4,\ 7x\leq 14$
$\therefore x\leq 2$

(3) 양변에 6을 곱하면
$2x+9\geq 5x,\ 2x-5x\geq -9,\ -3x\geq -9$
$\therefore x\leq 3$

Ⅳ-1. 개념다지기 문제

01 **정답** ⑤

풀이

$x=3$일 때, $6-3=3>1$ $\quad \therefore$ 참

$x=4$일 때, $6-4=2>1$ $\quad \therefore$ 참

$x=5$일 때, $6-5=1>1$ $\quad \therefore$ 거짓

$\therefore\ x=3,\ 4$

02 **정답** ④

풀이

$x=-2$일 때, $-3\times(-2)+4=10\geq -2$ $\quad \therefore$ 거짓

$x=-1$일 때, $-3\times(-1)+4=7\geq -2$ $\quad \therefore$ 거짓

$x=0$일 때, $-3\times 0+4=4\geq -2$ $\quad \therefore$ 거짓

$x=1$일 때, $-3\times 1+4=1\geq -2$ $\quad \therefore$ 거짓

$x=2$일 때, $-3\times 2+4=-2\leq -2$ $\quad \therefore$ 참

03 **정답** ③

풀이

① $-2a<-b\Leftrightarrow a>b$

② $a-1>b-1\Leftrightarrow a>b$

③ $\dfrac{1}{5}a-3<\dfrac{1}{5}b-3\Leftrightarrow\dfrac{1}{5}a<\dfrac{1}{5}b\Leftrightarrow a<b$

④ $\dfrac{a}{3}>\dfrac{b}{3}\Leftrightarrow a>b$

⑤ $-5a+2<-5b+2\Leftrightarrow -5a<-5b\Leftrightarrow a>b$

04 **정답** ③

풀이

$c>d$에서 $-c<-d$, 이부등식의 양변에
b를 더하면 $-c+b<-d+b$
즉, $b-c<b-d$이므로 옳지 않은 것은 ③이다.

05 **정답** 풀이참조

풀이

$4x+11\leq 3,$ 의 양변에서 11을 빼면 $4x\leq -8$
$\therefore x\leq -2$

06 **정답** ①

풀이

$2x-5>4x+3,\ -2x>8$에서 $x<-4$

07 **정답** ①

풀이

$a < 0$이므로 양변을 a로 나누면 부등호의 방향이 바뀐다.

$\therefore x \geq -\dfrac{1}{a}$

08 **정답** ④

풀이

$2(x+3) > 5x-9,\ 2x+6 > 5x-9$

$\therefore x < 5$

따라서, x는 자연수이므로 $n(A) = 4$

09 **정답** ①

풀이

$0.5(1-x) \geq 0.25x-1$의 양변에 100을 곱하면

$50(1-x) \geq 25x-100,\ -75x \geq -150$

$\therefore x \leq 2$

따라서 만족하는 x의 값 중 가장 작은 자연수는 1이다.

10 **정답** 7

풀이

$(a-5)x > 16$의 해가 $x > 8$이므로 $a-5 > 0$이다.

양변을 $a-5$로 나누면 $x > \dfrac{16}{a-5}$

해가 $x > 8$이므로 $\dfrac{16}{a-5} = 8,\ a-5 = 2\ \therefore a = 7$

11 **정답** ①

풀이

$5(x+1) \leq 3x+5,\ 2x \leq 0\ \ \therefore x \leq 0$

Ⅳ-2.-01

필수예제

정답 ②

풀이

각각의 부등식을 동시에 만족하는 x의 값이므로 집합 A와 B의 공통 부분이다.

확인유제 01

정답 풀이참조

풀이

두 부등식을 동시에 만족하는 x는 1뿐이므로 수직선에 나타내면 다음 그림과 같다.

확인유제 02

정답 $-3 < A \leq 4$

풀이

A는 -3보다 크고 4보다 작거나 같으므로

$-3 < A \leq 4$

Ⅳ-2.-02

필수예제

정답 (1) $-1 < x < 3$　　(2) $-1 \leq x < 2$

풀이

$x+2 < 5,\ x < 3$이고 $3x > -3,\ x > -1$

$\therefore -1 < x < 3$

$-x+1 \leq 2,\ x \geq -1$이고 $2x < 4,\ x < 2$

$\therefore -1 < x < 2$

확인유제 01

정답 (1) 해는 없다.　　(2) 해는 없다.

풀이

(1) $4x-3 > 9,\ 4x > 12,\ x > 3,$
　　$-2x+1 \geq -1,\ -2x \geq -2,\ x \leq 1$
　　따라서, 연립부등식의 해는 없다.

(2) $x+3 \leq 5,\ x \leq 2,\ 4x-11 > 5,\ 4x16,\ x > 4$
　　따라서, 연립부등식의 해는 없다.

확인유제 02

정답 $x \leq -4$

풀이

$5-3x > 8$에서 $-3x > 3\ \therefore x \leq 1 \cdots\cdots ㉠$

$2x+3 \leq -5$에서 $2x \leq -8\ \therefore x \leq -4 \cdots\cdots ㉡$

㉠, ㉡에서 $x \leq -4$

Ⅳ-2.-03

필수예제

풀이

$\begin{cases} 2x-1 < 3 \cdots\cdots ㉠ \\ 3 < x+4\ \cdots\cdots ㉡ \end{cases}$

㉠을 풀면 $2x < 4\ \therefore x < 2$

㉡을 풀면 $-x < 1\ \therefore x > -1$

$\therefore\ -1 < x < 2$

확인유제 01

풀이

$\begin{cases} -2 < 3x+4 \cdots\cdots ㉠ \\ 3x+4 < 1\ \ \cdots\cdots ㉡ \end{cases}$

㉠ 을 풀면 $3x > -6$ $\therefore x \leftarrow 2$
ⓛ 을 풀면 $3x < -3$ $\therefore x > -1$
$\therefore -2 < x < -1$

 **확인유제 02**

정답 (1) $0 \leq x \leq 2$ (2) $1 < x \leq 2$

풀이

(1) $1-1 \leq x \leq 3-1$ $\therefore 0 \leq x \leq 2$
(2) $-2+5 < 3x1+5$ $\therefore 1 < x \leq 2$

Ⅳ-2.-04

 **필수예제**

정답 ④

풀이

$\begin{cases} 3x-8 < 5x+2 \cdots\cdots ㉠ \\ 2x-3 \leq x+a \cdots\cdots ㉡ \end{cases}$

㉠ 에서 $-2x < 10$ $\therefore x > -5$
㉡ 에서 $x \leq a+3$
이것을 만족하는 해가 없으므로
$a+3 \leq$ $\therefore a \leq -8$

 **확인유제 01**

정답 ④

풀이

$2x-3 < 5$를 풀면 $2x < 8$ $\therefore x < 4$
$3x < a$를 풀면 $x < \dfrac{a}{3}$
$x < 4$가 $x, \dfrac{a}{3}$에 포함되어야 하므로 $4 \leq \dfrac{a}{3}$
$\therefore a \geq 12$

Ⅳ-2.-05

 **필수예제**

정답 $\dfrac{12}{7}$ km

풀이

등산하는 거리를 x km라고 하면 $\dfrac{x}{3} + \dfrac{x}{4} \leq 1$
양변에 분모의 최소공배수 12를 곱하면
$4x+3x \leq 12,\ 7x \leq 12$ $\therefore x \leq \dfrac{12}{7}$

 **확인유제 01**

정답 93점

풀이

네 번째 시험에서 x점을 받았다면
$\dfrac{83+93+91+x}{4} \geq 90,\ x+267 \geq 360,\ \therefore 93$
따라서, 네 번째 시험에서 93점 이상을 얻어야
한다.

Ⅳ-2.-06

 **필수예제**

정답 1, 2

풀이

어떤 자연수 x의 2배에 3을 더한 수는 $2x+3$
이다.
이 수가 5이상 7이하이므로 $5 \leq 2x+3 \leq 7$
이 부등식을 풀면 $2 \leq 2x \leq 4$ $\therefore 1 \leq x \leq 2$
따라서, 구하는 자연수 x는 1,2이다.

 **확인유제 01**

정답 3, 4, 5

풀이

연속하는 세 자연수를
$n-1,\ n,\ n+1$이라하면 $(n-1)+n+(n+1) = 3n$
연속하는 세 자연수의 합이 9보다 크고 15보
다 작으므로 $9 < 3n < 15$ $\therefore 3 < n < 5$
또, n은 자연수이므로 $n = 4$이고, 연속하는 세
자연수는 3, 4, 5이다.

 **확인유제 02**

정답 93점

풀이

$x-2 > 0,\ x > 0,\ x+3 > 0$이므로 $x > 2 \cdots ㉠$
$x+3 > x > x-2$이므로 삼각형의 결정 조건에
의하여
$x+(x-2) > x+3,\ 2x-2 > x+3$ $\therefore x > 5 \cdots ㉡$
㉠, ㉡에서 $x > 5$

Ⅳ-2. 개념다지기 문제

01 **정답** ②

풀이

$-3x+2 > 2x-5,\ -5x > -7$ $\therefore x < \dfrac{7}{5}$
$\therefore A = \{x \mid x < \dfrac{7}{5}\}$
$3-x < 3x+11,\ -4 < 8$ $\therefore x > -2$
$\therefore B = \{x \mid x > -2\}$

02 **정답** $-1 < x < 4$

풀이

$3x - 2 > 2x - 3 \cdots\cdots$ ㉠ $-2x + 1 > -3 - x \cdots\cdots$ ㉡
㉠을 풀면 $x > -1$, ㉡을 풀면
$-x > -4$ $\therefore x < 4$

03 **정답** $-2 < x \le 3$

풀이

$\dfrac{5}{6}x - \dfrac{1}{2} \le \dfrac{x}{3} + 1 \cdots\cdots$ ㉠, $3(1-x) < x + 11 \cdots\cdots$ ㉡
㉠에서 양변에 6을 곱하면
$5x - 3 \le 2x + 6, 3x \le 9$ $\therefore x \le 3$
㉡에서 $3 - 3x < x + 11, -4x < 8$ $\therefore x > -2$
$\therefore -2 < x \le 3$

04 **정답** ②

풀이

$-2x + 3 \le x + 6$에서 $-3x \le 3$ $\therefore x \ge -1 \cdots\cdots$ ㉠
$x + 6 < -2x + 18$에서 $3x < 12$ $\therefore x < 4 \cdots\cdots$ ㉡
㉠, ㉡의 공통 범위를 구하면 $-1 \le x < 4$

05 **정답** ③

풀이

$\begin{cases} ax + 5 \le 3x + 2 \cdots\cdots ㉠ \\ x + 1 \ge a \qquad\cdots\cdots ㉡ \end{cases}$
㉠에서 $x \le -3$, ㉡에서 $x \ge a - 1$
이것이 해를 갖기 위해서는 $a - 1 \le -3$ $\therefore a \ge -2$
따라서, 가장 큰 정수는 -2이다.

06 **정답** $a < 2$

풀이

$\dfrac{10-x}{4} \le a$를 풀면 $x \ge 10 - 4a$,
$6x - 5 \le 2x + 3$을 풀면 $x \le 2$
해가 존재하지 않으므로 $10 - 4a > 2$ $\therefore a < 2$

07 **정답** ②

풀이

$10 - x \le 4a, x \ge 10 - 4a$이고,
$6x - 3 \le 2x - 3, x \ge \dfrac{3}{2}$
연립부등식이 해를 가지기 위해서는
$10 - 4a \le \dfrac{3}{2}, 4a \ge \dfrac{17}{2}$ $\therefore a \ge \dfrac{17}{8} = 2\dfrac{1}{8}$
따라서, 정수 a의 최솟값은 3이다.

08 **정답** ②

풀이

사다리꼴의 넓이가
$\dfrac{1}{2} \times 4 \times (6+x) \le 40$이므로 $2(6+x) \le 40, 2x \le 28$
$\therefore x \le 14$
따라서, 아랫변의 길이가 가장 길 때의 x의 값은 14cm이다.

09 **정답** ④

풀이

지금부터 x개월 동안 예금을 한다면
석훈이의 예금 총액은 $30000 + 30000x$(원)
영우의 예금 총액은 $10000 + 200r$(원)이므로
$30000 + 3000x < 2(10000 + 2000r)$,
$30000 + 3000x < 20000 + 4000x$,
$-1000x < -10000$ $\therefore x > 10$
따라서 11개월 후이다.

10 **정답** 48, 49 또는 49, 50 또는 50, 51

풀이

연속한 두 자연수를 $x, x+1$이라 하면
$95 < x + (x+1) < 2x + 1 < 103, 94 < 2x < 102$
$\therefore 47 < x < 51$
따라서, 자연수 x는 48, 49, 50이므로 연속한 두 자연수는 48, 49, 또는 49, 50또는 50, 51이다.

11 **정답** ⑤

풀이

연속한 세 홀수를 $x, x+2, x+4$라 하면
$25 < x + (x+2) + (x+4) < 33, 25 < 3x + 6 < 33$,
$19 < 3x < 27, \dfrac{19}{7} < x < 9$
그런데 x는 홀수이므로 $x = 7$이다.
따라서, 연속한 세 홀수는 7, 9, 11이고 가운데 오는 수는 9이다.

Ⅳ-2. 활용문제

01 **정답** ⑤

02 **정답** ⑤

풀이

의자개수를 x, 전체 학생 수 y라 하면 $y = 3x + 7$,
마지막 의자에 1명 이상 6명 이하의 학생이 앉았으므로 $6(x-3) + 1 \le y \le 6(x-2)$
$6(x-3) + 1 \le 3x + 7 \le 6(x-2)$
이 연립부등식을 풀면
$6(x-3) + 1 \le 3x + 7$로부터 $x \le 8$
$3x + 7 \le 6(x-2)$로부터 $x \ge \dfrac{19}{3}$
$\therefore \dfrac{19}{3} \le x \le 8$
따라서 이것을 만족하는 의자의 개수는 자연수이어야 하므로 7, 8이다. 이 두수를 더하면 15

03 **정답** ⑤

풀이

방의 개수를 x, 학생수를 y라 하면, $y = 4x + 12$,
마지막 방에는 1명이상 5명 이하이므로

$$5(x-6)+1 \leqq y \leqq 5(x-5),$$
$$5(x-6)+1 \leqq (4x+12) \leqq 5(x-5)$$
부등식을 풀면 $\therefore 37 \leqq x \leqq 41$

04 정답 ③

풀이

상자 개수 x, 참외 수 y라 하면 $y=4x+5$.
$$5(x-2)+1 \leqq y \leqq 5(x-1)$$
$$5(x-2)+1 \leqq 4x+5 \leqq 5(x-1)$$
이 연립부등식을 풀면,
$5(x-2)+1 \leqq 4x+5$로부터 $x<14$,
$4x+5 \leqq 5(x-1)$로부터 $x \geqq 10$
$\therefore 10 \leqq x \leqq 14$ 그런데 x는 홀수이므로 $x=11,13$이
다. 이 때 참외의 개수 $y=4x+5=49,57$이므로 이
둘을 더하면 106이다.

05 정답 ⑤

풀이

사람 수를 $x\,(40 \leqq x<80)$, 입장료를 a라 하면
(80명의 입장료) $\leqq$ (x명의 입장료)이므로
$80 \times a \times 0.8 \leqq x \times a \times 0.9$
$\rightarrow\ 64a \leqq 0.9ax\ \rightarrow\ 64 \leqq 0.9x\ \rightarrow\ \therefore x \geqq 71.11$
x는 자연수이어야 하므로 최솟값은 72

06 정답 ①

풀이

증발시킨 물의 양을 xg이라고 하면
$\dfrac{20}{100}(500-x) \leqq \dfrac{12}{100} \times 500$이므로 이 부등식을 풀면
$4000 \leqq 20x\ \rightarrow\ x \geqq 200$이다.

07 정답 ②

풀이

10%의 소금물 300g안의 소금의 양$=$
$\dfrac{10}{100} \times 200=20$이며 이 소금의 양은 변하지 않으므
로, 더 넣는 물의 양을 x라고 하면
$$\dfrac{5}{100} \leqq \dfrac{20}{200+x} \leqq \dfrac{8}{100},$$
$$\dfrac{5}{100}(200+x) \leqq 20 \leqq \dfrac{8}{100}(200+x)$$
이 연립부등식을 풀면
$$\dfrac{5}{100}(200+x) \leqq 20\ \ \therefore x \leqq 200 \ \cdots\ ①$$
$$20 \leqq \dfrac{8}{100}(200+x)\ \ \therefore x \geqq 50 \ \cdots\ ②$$
①, ②에 의하여 $\therefore 50 \leqq x \leqq 200$

08 정답 ⑤

풀이

더 넣을 소금물의 양을 x라 하면
$$(100+x)\cdot\dfrac{6}{100} \leqq 100\cdot\dfrac{5}{100}+x\cdot\dfrac{8}{100} \leqq (100+x)\cdot\dfrac{7}{100}$$
$$600+6x \leqq 500+8x \leqq 700+7x\ \rightarrow\ 50 \leqq x \leqq 200$$

V-1.-01

필수예제

정답 ㄷ, ㄹ, ㅂ

풀이

ㄱ, ㄴ 일차함수가 아니다.
ㄷ, ㄹ 일차함수이다.
ㅁ, $y=x^2-x$이므로 이치함수이다.
ㅂ, 일차함수이다.

확인유제 01

정답 $a=0,\ b \neq 3$

풀이

주어진 식을 정리하면 $y=ax^2+(b-3)x-c$에서
$ax^2+(b-3)x-c$가 일차식이
되려면 $a=0,\ b-3 \neq 0$이어야 한다.
$\therefore a=0,\ b \neq 3$

확인유제 02

정답 ⑤

풀이

$f(x)=-3x+2$에서 $f(-1)=5,\ f(1)=-1$
$\therefore\ f(-1)-f(1)=5-(-1)=6$

V-1.-02

필수예제

정답 ④

풀이

④ $y=x$의 그래프보다 y축에 가깝다.

확인유제 01

정답 ③

풀이

③ $(-2, 2)$를 $y=-x$에 대입하면 $2=-(-2)$

확인유제 02

정답 $-\dfrac{1}{2}$

풀이

$y=-x$에 $x=3a,\ y=-a+1$을 대입하며
$-a+1=-3a,\ 2a=-1$
$\therefore a=-\dfrac{1}{2}$

 필수예제

정답 ③

풀이

$y=2x-3$의 그래프는 $y=2x$에 평행하고,
y 절편이 −3이므로 ③이다.

확인유제 01

정답 $\dfrac{4}{3}$

풀이

$y=-\dfrac{2}{3}x$의 그래프를 y축의 방향으로 2만큼
평행 이동한 그래프 식은
$y=-\dfrac{2}{3}x+2$ 이므로 $a=-\dfrac{2}{3},\ b=2$이다.

 필수예제

정답 (1) x절편 : 2, y절편 : −1
(2) x절편 : $\dfrac{4}{3}$, y절편 : 4

풀이

(1) $y=0$을 대입하면
$x=2$, $x=0$을 대입하면 $y=-1$
따라서 x절편은 2, y절편은 −1이다.
(2) $y=0$을 대입하면
$x=\dfrac{4}{3}$, $x=0$을 대입하면 $y=4$

따라서 x절편은 $\dfrac{4}{3}$, y절편은 −1이다.

확인유제 01

정답 ④ (4, 0), (0, −6)

풀이

$y=\dfrac{3}{2}x-6$의 그래프에서

$y=0$을 대입하면 $0=\dfrac{3}{2}x-6$, $x=4$

따라서, $x=0$을 대입하면
$y=-6$이므로 y축과 만나는 점은 (0, −6)

필수예제

정답 (1) −6　　　　(2) −4

풀이

(1) 기울기는 $\dfrac{(y\text{의 값의 변화량})}{(x\text{의 값의 변화량})}=\dfrac{k}{3-0}=-2$
$\therefore\ k=-6$
(2) 기울기는 $\dfrac{k}{(-2)-(-4)}=\dfrac{k}{2}=-2$
$\therefore\ k=-4$

확인유제 01

정답 ⑤

풀이

$\dfrac{(y\text{의 값의 변화량})}{2}=-\dfrac{5}{4}$

$\therefore\ (y\text{의 값의 변화량})=-2.5$
즉, y의 값은 2.5만큼 감소한다.

필수예제

정답 ②, ③

풀이

오른쪽 위로 향하는 것을 기울기가 양수이므로
②, ③이다.

확인유제 01

정답 $a>0,\ b<0$

풀이

그래프가 오른쪽 아래로 향하는 직선이므로
$-a<0,\ \therefore\ a>0$이고 y절편이 x축 아래에 있
으므로 $\dfrac{a}{b}<0\ \therefore\ b<0$

필수예제

정답 (1) 과 (5), (3) 과 (4)

풀이

기울기가 같고 y절편이 다른 두 일차함수의
그래프가 평행하므로 (1)과 (5), (3)과 (4)

 확인유제 01

정답 $-\dfrac{7}{2}$

풀이

$y=\dfrac{3}{2}x+b$와 $y=ax-5$와 같으므로

$a=\dfrac{3}{2},\ b=-5$ $\therefore a+b=-\dfrac{7}{2}$

 확인유제 02

정답 $a=4,\ b=2$

풀이

$2y=ax+b \Leftrightarrow y=\dfrac{a}{2}x+\dfrac{b}{2}\cdots\cdots$과

$y=2x+1$ 일치하므로

$\dfrac{a}{2}=2,\ \dfrac{b}{2}=1$ $\therefore a=4,\ b=2$

Ⅴ-1. 개념다지기 문제

01 정답 ①

풀이

ㄱ, x^2-5x ㄹ,$y=2$

02 정답 12

풀이

$f(-1)=1$이므로 $a=-3,\ f(x)=-3x-2$
$f(-2)=(-3)\times(-2)-2=4,$
$f(2)=(-3)\times 2-2=-8$
$\therefore f(-2)-f(2)=4-(-8)=12$

03 정답 1

풀이

① 점 $(-5,\ 2)$를 $y=-\dfrac{2}{5}x$에 대입하면

$2=-\dfrac{2}{5}\times(-5)$로 등식이 성립한다.

04 정답 $y=4x$

풀이

주어진 직선이 원점을 지나므로 일차함수를
$y=ax$로 놓는다. 이 직선이 점$(1,\ 4)$를 지나므로
$y=ax$에 $x=1,\ y=4$를 대입하여 풀면 $a=4$이다.
$\therefore y=4x$

05 정답 ②

풀이

$y=3x$의 그래프를 y축의 방향으로 1 만큼 평행
이동한 그래프의 식은 $y=3x+1$이고 점$(-1,\ a)$를
지나므로 $a=3\times(-1)+1=-2$

06 정답 8

풀이

$y=-\dfrac{1}{3}x+2$의 그래프에서 y절편은 2이므로 $b=2$

$y=0$을 대입하면 $0=\dfrac{1}{3}x+2,\ x=6$ $\therefore a=6$

$\therefore a+b=6+2=8$

07 정답 10

풀이

(기울기)$=\dfrac{(y\text{의값의 증가량})}{(x\text{의값의 증가량})}=\dfrac{(y\text{의 값의 증가량})}{2}=-5$

$\therefore (y\text{의 값의 증가량})=-10$
따라서, y의 값의 값은 10만큼 감소한다.

08 정답 ①

풀이

$y=ax+1$에서 $a=\dfrac{-3}{2}=-\dfrac{3}{2}$

따라서, $y=-\dfrac{3}{2}x+1$에 $(1,\ b)$를 대입하면

$b=-\dfrac{3}{2}+1=-\dfrac{1}{2}$

$\therefore a+b=\left(-\dfrac{3}{2}\right)+\left(-\dfrac{1}{2}\right)=-2$

09 정답 ⑤

풀이

$y=0$을 대입하면 $0=-\dfrac{1}{2}x+3,\ \dfrac{1}{2}x=3$ $\therefore x=6$

x절편이 6, y절편이 3 이므로 $a=6,\ b=3$
$\therefore ab=6\times 3=18$

10 정답 $-\dfrac{3}{2}$

풀이

$y=0$을 대입하면

$0=-\dfrac{1}{2}x+3,\ \dfrac{1}{2}x+3,\ \dfrac{1}{2}x=3$ $\therefore x=6$

x절편이 2이므로 $-\dfrac{3}{a}=2$ $\therefore a=-\dfrac{3}{2}$

11 정답 ③

풀이

그래프가 오른쪽 아래로 향하므로 기울기 $a<0$

y절편이 y축 아래에 있으므로 $\dfrac{b}{a}<0$ $\therefore b>0$

12 정답 ③

풀이

$y=1-3x$는 $y=-3x+1$이므로 $y=-3x+2$와 기울
기가 같다. 따라서, $y=-3x+2$는 ③ $y=1-3x$와
서로 평행하다.

필수예제

정답 풀이참조

풀이

두 점 $(0,2),(3,1)$을 지나는 직선이므로 다음 그림과 같다.

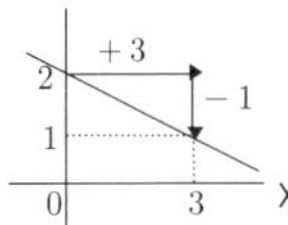

확인유제 01

정답 풀이참조

풀이

두 점을 좌표평면 위에 나타내고, 그 두 점을 지나는 직선을 그리면 다음 그림과 같다.

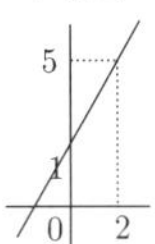

확인유제 02

정답 풀이참조

풀이

x절편이 4, y절편이 6 이므로 두 점 $(4, 0)$, $(0, 6)$을 지나는 직선을 그리면 다음 그림과 같다. 또한, 그래프에서 (기울기)$=\dfrac{-6}{4}=-\dfrac{3}{2}$

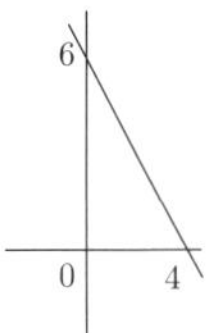

필수예제

정답 ④

풀이

기울기가 2이므로 x의 값이 증가하면 y의 값도 증가한다.

$x=-2$일 때, $y=2\times(-2)-3=-7$, $x=2$일 때, $y=2\times2-3=1$

$\therefore \{y \mid -7 < y \leq 1\}$

확인유제 01

정답 ③

풀이

기울기 $a>0$이므로 $x=-2$일 때, $y=-3$이므로 $-3=a\times(-2)+b\cdots$㉠

$x=4$일 때, $y=3$이므로 $3=a\times4+b\cdots$㉡

㉠,㉡에서 $a=1, b=-1$　　$\therefore a+b=0$

필수예제

정답 풀이참조

풀이

(1) $3x+4=0$　　$\therefore x=-\dfrac{4}{3}$

(2) $5-2y=0$　　$\therefore y=\dfrac{5}{2}$

확인유제 01

정답 풀이참조

풀이

주어진 식을 y에 관하여 풀면

$3y=6$　　$\therefore y=2$

따라서 구하는 방정식의 그래프는 다음 그림과 같다.

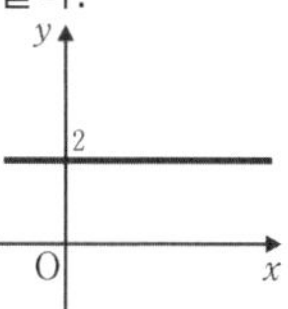

확인유제 02

정답 풀이참조

풀이

(1) $4x+3=0$　　$\therefore x=-\dfrac{3}{4}$

따라서 y축에 평행한 직선이다.

(2) $5y=0$　　$\therefore x=0$

따라서, x축이다.

필수예제

정답 $y=x-3$

기울기가 1이고, y절편이 -3인 일차함수의 식은 $y = x - 3$이다.

확인유제 01

정답 $y = 2x - 5$

풀이

기울기가 2 이므로
$y = 2x + b$에 $x = 2$, $y = -1$을 대입하면
$-1 = 2 \times + b$에서 $b = 5$　$\therefore y = 2x - 5$

확인유제 02

정답 (1) $y = -2x + 4$　(2) $y = 3x - 7$

풀이

(1) $y = -2x + b$에 $x = 1$, $y = 2$를 대입하면
$2 = -2 \times 1 + b$　$\therefore b = 4$
$\therefore y = -2x + 4$

(2) 직선 $y = 3x + 1$에 평행하므로 기울기는 3이다.
$y = 3x + b$에 $x = 3$, $y = 2$를 대입하면
$2 = 3 \times 3 + b$　$\therefore b = -7$
$\therefore y = 3x - 7$

V-2.-05

필수예제

정답 $y = x + 7$

풀이

두 점 $(-3, 4)$, $(2, 9)$를 지나는 직선의 식을 $y = ax + b$라 하면
$a = \dfrac{9 - 4}{2 - (-3)} = \dfrac{5}{5} = 1$, $y = x + b$에
$(2, 9)$를 대입하면 $9 = 2 + b$, $b = 7$
$\therefore y = x + 7$

확인유제 01

정답 (1) $y = -\dfrac{1}{2}x + \dfrac{3}{2}$
(2) $y = 2x - 3$

풀이

(1) (기울기)$= \dfrac{1 - 2}{1 - (-1)} = -\dfrac{1}{2}$
$y = -\dfrac{1}{2}x + b$에 $(1, 1)$을 대입하면
$1 = -\dfrac{1}{2} + b$, $b = \dfrac{3}{2}$
$\therefore -\dfrac{1}{2}x + \dfrac{3}{2}$

(2) (기울기)$= \dfrac{7 - (-5)}{5 - (-1)} = \dfrac{12}{6} = 2$
$y = 2x + b$에 $(5, 7)$을 대입하면
$7 = 2 \times 5 + b$, $b = -3$
$\therefore y = 2x - 3$

확인유제 02

정답 $y = 5x - 10$

풀이

(기울기)$= \dfrac{5 - (-10)}{3 - 0} = \dfrac{15}{3} = 5$이고,
점 $(0, -10)$을 지나므로
y절편 -10이다.　$\therefore y = 5x - 10$

V-2.-06

필수예제

정답 (1) $y = -\dfrac{3}{2}x + 3$
(2) $y = \dfrac{2}{3}x + 2$

풀이

(1) 구하는 직선은 두 점 $(2, 0)$, $(0, 3)$을 지나므로 (기울기)$= \dfrac{0 - 3}{2 - 0} = -\dfrac{3}{2}$
또, y절편이 3이므로 구하는 직선의 방정식은 $y = -\dfrac{3}{2}x + 3$

(2) 구하는 직선은 두 점 $(-3, 0)$, $(0, 2)$를 지나므로 (기울기)$= \dfrac{0 - 2}{-3 - 0} = \dfrac{2}{3}$
또, y절편이 2이므로 구하는 직선의 방정식은 $y = \dfrac{2}{3}x + 2$

확인유제 01

정답 $y = -\dfrac{5}{6}x + 5$

풀이

직선 $2x + 3y - 12 = 0$ 과 구하는 직선이 x축 위에서 만나므로 두 직선의 x절편은 같다.
이 때, 주어진 직선의 방정식에 $y = 0$을 대입하여 x절편을 구하면
$2x + 3 \times 0 - 12 = 0$에서 $x = 6$
따라서, 구하는 직선은 두 점 $(6, 0)$, $(0, 5)$를 지나므로 (기울기)$= \dfrac{0 - 5}{6 - 0} = -\dfrac{5}{6}$
$\therefore y = -\dfrac{5}{6}x + 5$

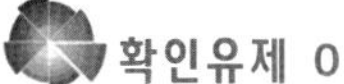

필수예제

정답 ③

풀이

x축에 평행한 직선의 방정식은 $y=k$의 꼴인데 y좌표가 6인 점을 지나므로 $y=6$

확인유제 01

정답 $x=4$

풀이

y축에 평행한 직선은 $x=k$의 꼴이다. 두 직선의 교점을 구하려면 연립방정식을 풀면 된다.
$2x+y=5 \cdots\cdots ㉠$ $x+y=1 \cdots\cdots ㉡$
㉠$-$㉡에서 $x=4$, $y=-3$
따라서 $(4,\ -3)$을 지나고 y축에 평행한 직선의
$x=4$

확인유제 02

정답 $y=-2$

풀이

주어진 직선의 y축과 만나는 점의 y좌표를 $x=0$을 대입하여 구하면
$-7\times 0+5y+10=0 \therefore y=-2$
따라서, 구하는 직선은 점 $(0,\ -2)$를 지나고, x축에 평행한 직선이므로 $y=-2$

V-2. 개념다지기 문제

01 정답 풀이참조

풀이

(1) $y=\dfrac{1}{2}x-2$의 그래프는 y절편이 -2이고,
기울기가 $\dfrac{1}{2}$인 직전이다.

(2) $y=-2x+4$의 그래프는 y절편이 4이고,
기울기가 -2이다.

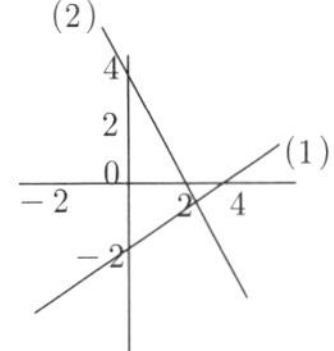

02 정답 풀이참조

풀이

x절편이 -2이므로 점 $(-2,0)$을 지나고 기울기가 $-\dfrac{3}{2}$이므로 x의 값이 2만큼 증가할 때, y의 값은 3만큼 감소하므로 점 $(0,-3)$을 지난다.

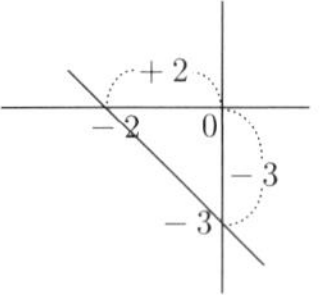

03 정답 $\{y\,|\ -1 \leq y \leq 7\,\}$

풀이

$f(-2)=(-2)\times(-2)+3=7$, 이므로
$f(2)=(-2)\times 2+3=-1$
구하는 치역은 $\{y\,|\ -1 \leq y \leq 7\,\}$

04 정답 풀이참조

풀이

(1) $x=-4$는 점 $(-4,\ 0)$을 지나고 y축에 평행한 직선이다.

(2) $3y-6=0$은 $y=2$이므로 점 $(0,\ 2)$를 지나고 x축에 평행한 직선이다.

05 정답 ①

풀이

점 $(-2,1)$을 지나고 y축에 평행한 직선의 식은 $x=-2$이다. 따라서, 주어진 점 중에서 $x=-2$인 점을 찾는다.

06 정답 ①

풀이

$y=-3x$에 평행하므로 구하는 직선의 기울기는 -3이다.
$y=-3x+a(a$는 상수$)$가 점 $(3,\ 4)$를 지나므로
$4=-3\times 3+a \qquad \therefore a=13$
따라서, 구하는 직선의 방정식은 $y=-3x+13$

07 정답 -5

풀이

두 점 $(-1,\ 3)$, $(3,\ 2)$를 지나는 직선의 기울기는
$$\dfrac{2-3}{3-(-1)}=\dfrac{1}{4}$$
$y=-\dfrac{1}{4}x+n$에 $(-1,3)$을 대입하면
$$3=\left(-\dfrac{1}{4}\right)\times(-1)+n \quad \therefore n=\dfrac{11}{4}$$

따라서, $y=-\dfrac{1}{4}x+\dfrac{11}{4}$에 점 $(a,4)$를 대입하면

$4=-\dfrac{1}{4}a+\dfrac{11}{4}$ $\therefore a=-5$

08 정답 2

풀이

두 점 $(2,-1)$, $(-4,5)$를 지나는 직선의 식을
$y=ax+b$라 하면

$a=\dfrac{(-1)-5}{2-(-4)}=-1$ $y=-x+b$에

$(2,-1)$을 대입하면 $b=1$

$\therefore y=-x+1$이므로

x절편은 1, y절편은 1이므로 (x절편)+(y절편)=2

09 정답 (1) $y=\dfrac{3}{5}x+3$ (2) $y=-\dfrac{1}{4}x+1$

풀이

(1) (기울기)$=\dfrac{0-3}{(-5)-0}=\dfrac{3}{5}$이고,

　　y절편이 3이므로 $y=\dfrac{3}{5}x+3$

(2) (기울기)$=\dfrac{0-1}{4-0}=-\dfrac{1}{4}$이고,

　　y절편이 1이므로 $y=-\dfrac{1}{4}x+1$

10 정답 $y=2x+2$

풀이

y절편이 2 이므로 $y=ax+2$에 $x=-1$, $y=0$
을 대입하면

$0=a\times(-1)+2$에서 $a=2$

$\therefore y=2x+2$

11 정답 ⑤

풀이

두 점 $(3,2)$, $(-1,0)$을 지나는 직선을
$y=mx+n$이라 하면

기울기 $m=\dfrac{0-2}{-1-3}=\dfrac{1}{2}$

$y=\dfrac{1}{2}x+n$이 점 $(-1,0)$을 지나므로

$n=\dfrac{1}{2}$　　　$n=\dfrac{1}{2}x+\dfrac{1}{2}$

교점의 x좌표가 2 이므로

$y=\dfrac{1}{2}\times2+\dfrac{1}{2}$에서 $y=\dfrac{3}{2}$

따라서, $x=2$, $y=\dfrac{3}{2}$을

$y=-3x+a$에 대입하면 $\dfrac{3}{2}=-6+a$

$\therefore a=\dfrac{15}{2}$

12 정답 ①

풀이

두 직선 $y=\dfrac{1}{2}x+\dfrac{1}{2}$, $y=-2x+8$을

연립하여 풀면 $x=3$, $y=2$
구하는 일차함수의 y절편이 -4이므로 $b=-4$
즉, $y=ax-4$의 그래프가 점 $(3,2)$를 지나므로
$2=a\times3-4$에서 $a=2$ $\therefore a+b=-2$

V-3.-01

필수예제

정답 풀이참조

풀이

(1) $y=x+1$이므로
　　기울기가 1이고 y절편이 1인 직선이다.
(2) $y=-x+1$이므로
　　기울기가 -1이고 y절편이 1인 직선이다.
(3) $x=1$이므로
　　점 $(1,0)$을 지나고 y축에 평행한 직선이다.
(4) $y=-2$이므로
　　점 $(0,-2)$를 지나고 x축에 평행한 직선이다.

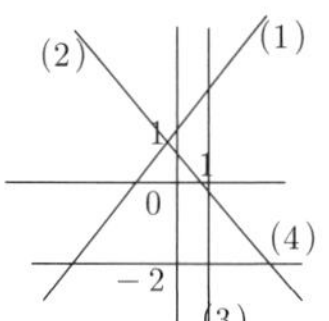

확인유제 01

정답 (1) 2, -2 (2) 0

풀이

(1) $2x-y+b=0$에
　　$x=2$, $y=2$를 대입하면 $b=-2$
　　따라서, 기울기는 2이고, y절편은 -2이다.
(2) $2x-y-2=0$에
　　$y=-2$를 대입하면 $x=0$
　　따라서, 이 직선은 점 $(0,-2)$를 지난다.

V-3.-02

필수예제

정답 4

풀이

두 직선의 교점의 좌표가 $(1,1)$이므로
연립방정식에 대입하면

$1+2\times a=a$

$\therefore a=3, 2\times1-1=b \qquad \therefore b=1$

$\therefore a+b=3+1=4$

 **확인유제 01**

정답 $a=5, b=\dfrac{1}{2}$

풀이

두 직선의 교점의 좌표가 $(2, 1)$이므로
$x=2, y=1$을 $3x-y=a$에 대입하면
$6-1=1 \qquad \therefore a=5$
$x=2, y=1$을 $bx+y=2$에 대입하면
$2b+1=2 \qquad \therefore b=\dfrac{1}{2}$

필수예제

정답 해가 무수히 많다.

풀이

두 방정식을 각각 y에 대하여 풀면
$y=-3x+2, y=-3x+2$
두 식이 일치하므로 해가 무수히 많다.(특히,
해는 $y=-3x+2$를 만족하는 모든 x, y)

확인유제 01

정답 해가 무수히 많다.

풀이

$\begin{cases} 2x+y=1 \\ 6x+3y=3 \end{cases} \Rightarrow \begin{cases} y=-2x+1 \\ y=-2x+1 \end{cases}$

따라서, 두 직선이 일치하므로 해는 무수히 많다.

확인유제 02

정답 해가없다.

풀이

$\begin{cases} x-y=-3 \\ 3x-3y=4 \end{cases} \rightarrow \begin{cases} y=x+3 \\ y=x-\dfrac{4}{3} \end{cases}$

따라서, 두 직선이 서로 평행하므로 해가 없다.

필수예제

정답 -6

풀이

두 방정식을 y에 대하여 각각 풀면

$\begin{cases} y=\dfrac{3}{2}x-3 \\ y=-\dfrac{a}{4}x+\dfrac{5}{4} \end{cases}$

연립방정식 해가 없으므로

$\dfrac{3}{2}-\dfrac{a}{4} \qquad \therefore a=-6$

확인유제 01

정답 -3

풀이

$ax+y=3 \cdots\cdots ㉠,$
$3x-y=6 \cdots\cdots ㉡$
㉠+㉡을 하면 $(a+3)x=9$
해가 없으려면 $a+3=0 \qquad \therefore a=-3$

확인유제 02

정답 -5

풀이

$y=-\dfrac{a}{2}x+2, y=\dfrac{3}{b}, 2=\dfrac{2}{b}$이므로

$a=-6, b=1 \qquad \therefore a+b=-5$

필수예제

정답 $y=25-0.2x$

풀이

10문마다 2cm씩 짧아지므로 1분마다 0.2cm
씩 짧아진다.
$\therefore y=25-0.2x$

확인유제 01

정답 30.5cm

풀이

물체의 무게를 x, 용수철의 길이를 y라 하면
$y=20+0.15x \qquad \therefore y=20+0.15x$
따라서, $x=70$일 때,
$y=20+0.15\times70=30.5$(cm)

확인유제 02

정답 $y = 0.6x + 331$

풀이

온도가 $1\,^\circ C$오를 때마다 속력이 $0.6\,\text{m}$/초씩 증가하므로 온도가 $x\,^\circ C$오를 때는 속력이 $0.6x$ m/초 증가한다.
또 $0\,^\circ C$일 때 속력이 331m/초이므로
$y = 0.6x + 331$

V-3. 개념다지기 문제

01 **정답** ②

풀이

$2x - 2y + 4 = 0,\ 2x + 4 = 2y \qquad \therefore y = x + 2$

02 **정답** $\dfrac{8}{3}$

풀이

$2x - 3y + 6 = 0,\ -3y = -2x - 6$
$\therefore y = \dfrac{2}{3}x + 2$ 따라서,

기울기는 $\dfrac{2}{3}$, y절편은 2이므로 $\dfrac{2}{3} + 2 = \dfrac{8}{3}$

03 **정답** ③

풀이

$-x + 4y = 2,\ x + 2y = 4$에서 변끼리 더하면
$6y = 6,\ y = 1,\ y = 1$을 $x + 2y = 4$에 대입하면
$x + 2 \times 1 = 4$에서 $x = 2$, 즉 $x = 2,\ y = 1$이므로 교점의 좌표는 $(2, 1)$이다.
일차함수 $y = 2x + b$의 그래프가 점 $(2, 1)$을 지나므로 $a = 2 \times 2 + b \quad \therefore b = -3$

04 **정답** -54

풀이

두 직선의 교점이 $(-1, 2)$이므로
$3x - 12y = m$에 $(-1, 2)$를 대입하면
$-3 - 12 \times 2 = m \qquad \therefore m = -27$
$x + ny = 3$에 $(-1, 2)$를 대입하면
$-1 + 2n = 3 \qquad\qquad \therefore n = 2$
$\therefore mn = -54$

05 **정답** ③

풀이

해가 무수히 많은 경우는 두 직선이 일치하는 경우이다

③ $\begin{cases} 2x - 3y = 1 \\ -2x + 3y = -1 \end{cases} \rightarrow \begin{cases} 2x - 3y = 1 \\ 2x - 3y = 1 \end{cases}$

06 **정답** ①, ⑤

풀이

ㄱ. $y = 3x - 2$
ㄴ. $3x - 2$
ㄷ. $y = -3x - 2$
ㄹ. $y = -\dfrac{1}{2}x - 2$이므로 모두 y절편이 같다.

따라서, $(0, -2)$는 네 직선의 교점이고, ㄱ, ㄴ 은 기울기와 y절편이 같으므로 일치한다.

07 **정답** -2

풀이

$\begin{cases} 2x + ay = b \\ -4x + 3y = 1 \end{cases} \Rightarrow \begin{cases} y = -\dfrac{2}{a}x + \dfrac{b}{a} \\ y = \dfrac{4}{3}x + \dfrac{1}{3} \end{cases}$

의 해가 무수히 많으므로 $-\dfrac{2}{a} = \dfrac{4}{3},\ \dfrac{b}{a} = \dfrac{1}{3}$

$\therefore a = -\dfrac{3}{2},\ b = -\dfrac{1}{2}$

$\therefore a + b = \left(-\dfrac{3}{2}\right) + \left(-\dfrac{1}{2}\right) = -2$

08 **정답** $-\dfrac{11}{5}$

풀이

$\begin{cases} 2x - 5y = 1 \\ (a+1)x + 3y = 2 \end{cases} \Rightarrow \begin{cases} y = \dfrac{5}{2}x - \dfrac{1}{5} \\ y = -\dfrac{a+1}{3} \end{cases}$

의 교점이 없으므로

$\dfrac{2}{5} = -\dfrac{a+1}{3} \qquad \therefore = -\dfrac{11}{5}$

09 **정답** $y = \dfrac{1}{5}x + 20,\ \{x \mid 0 \le x \le 100\}$

풀이

무게를 100g까지만 달 수 있으므로
정의역은 $\{x \mid 0 \le x \le 100\}$
5g 마다 용수철이 1cm씩 늘어나면
$x\text{g}$일 때는 $\dfrac{1}{5}x\,\text{cm}$만큼 늘어나게 되므로

용수철의 길이 y는 $y = \dfrac{1}{5}x + 20$

10 **정답** 풀이참조

풀이

x분 동안 움직인 거리는 $0.4x$ km, P에서 B까지의 거리는 $y = 12 - 0.4x = -0.4x + 12$
이 때, $12 \div 0.4 = 30$(분)이므로 정의역은
$0 \le x \le 30$이고, 그래프는 다음 그림과 같다.

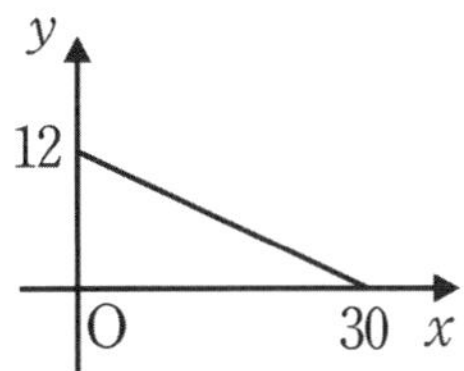

11 **정답** $y = 3000 - 50x$ $\{x \mid 0 \leq x \leq 60\}$
풀이
1분에 50cm^{3}씩 물이 빠지면
x분 후에는 $50x$cm^3 의 물이 빠지므로
$y = 3000 - 50x$
물통에 남은 물의 양이 0cm^{3}이 될 때까지 걸리는
시간은 $0 = 3000 - 50x$에서 $x = 60$(분)
따라서, 정의역은 $\{x \mid 0 \leq x \leq 60\}$

IBS 교육방송 중학수학 2-1

초판인쇄일 | 2014년 1월 20일
1쇄발행일 | 2014년 1월 25일

지 은 이 | 김진호(땡님)
펴 낸 이 | 이용배
책임감수 | IPTV교육방송 편성위원장(김성태)
감   수 | 이경우, 김서진, 김진호, 김현진,
            박은하, 박황민, 신은정, 이기홍,
            이원광, 이정봉, 이종석, 이종헌,
            정진경, 조동영

펴 낸 곳 | IPTV교육방송(강남스터디)
디 자 인 | 박수정, 김화현
제   작 | 송재호
홍   보 | 권재흥
문   의 | http://iptvstudy.co.kr(IPTV교육방송)
상   담 | 강남스터디 02) 515-0058

총   판 | 가나북스 www.gnbooks.co.kr
전   화 | 031) 408-8811(代)
팩   스 | 031) 501-8811

▥ 가격은 뒷표지에 있습니다.
▥ 이 책은 저작권법에 따라 엄격히 보호를 받는 저작물이므로 무단 전재 및 복제를 금합니다.
▥ 잘못된 책은 구입하신 곳에서 교환해 드립니다.